그냥

하는
사람

그냥

200만 원으로
연 2,000억 매출을 만든
파파레서피 창업자의
미친 실행력

김한균

하는
사람

온포인트

추천의 말

모든 도전이 성공하진 않지만, 도전 없이 성공할 순 없다. 도전을 모토로 살아가는 김한균 대표는 무한한 창의력과 불굴의 실행력을 겸비한 경영인이다. '그냥 하는 사람'의 본질은 불가피한 실패의 심연에서도 끝내 재기하는 강인한 의지다. 남이 한 번에 이룬다면 백 번을, 남이 열 번에 이룬다면 천 번을 해서라도 해내는 저자의 의지가 경이로울 정도다. 인생의 위대함은 불패에 있지 않고, 좌절할 때마다 불사조처럼 부활하는 집념에 있음을 이 책을 통해 체험할 수 있길 바란다.

홍정욱 올가니카 회장

김한균 대표는 나와 성향이 사뭇 다른 사람이지만, 말하지 않아도 오래 알고 지낸 사이인 듯 통하는 묵직한 편안함이 있다. 그건 그가 자신의 시작점을 기억하는 낮은 마음 때문이다. 이 책을 읽으며 다시 확인했다. 그는 책 제목처럼 뭐든 그냥 하는 사람이 아니다. 낮은 마음으로 한 걸음 한 걸음 최선을 다하는 사람이다.

조수용 매거진 B 발행인

내가 겪어본 김한균 대표는 그야말로 그냥 하는 사람이다. 매번 거침없이 시도하고 실행하지만, 단순히 성공 혹은 실패로 단정할 수 없는 피나는 노력을 거듭해 놀라울 만큼 성장한다. 보통 사람에겐 엄두가 나지 않는 일이라 '그냥 하는 말이겠지' 하고 언뜻 생각한 게 부끄러울 정도로, 한다면 한다. 생각을 실행에 옮겨 어떻게든 성공시키는 그의 과거와 현재, 미래를 마음 깊이 응원한다.

유승민 올림픽 탁구 금메달리스트·대한체육회장

15년 된 오랜 벗이 있습니다. 처음 만난 순간부터 지금까지 그가 일궈나가는 수많은 것들을 먼발치에서 지켜보며 느낀 점이 있습니다. '이 사람은 아무리 큰 위기가 닥쳐도, 아무리 거만해질 수 있는 상황이 되어도, 크게 흔들리거나 쉽게 영향을 받지 않는구나. 그래서 한순간에 무너질 일은 절대로 없겠구나.'

김한균 대표는 그야말로 저에게 슈퍼맨 같은 존재입니다. 이 책은 자신만의 일의 공식이 얼마나 중요한지, 그것이 얼마나 강력한 삶의 원동력이 될 수 있는지 보여줍니다. 여러분 모두를 슈퍼맨으로 만드는 데 이 책이 기여할 수 있기를 바랍니다.

이주광 전 에이피알 창업자, 현 비엠스마일 의장이 책은 돈도 없고 공부도 못하던, 열등감으로 똘똘 뭉친 어느 소년에 대한 이야기다. 동시에 이 책은 마스크 팩 하나로만 누적 6,000억 원 이상의 매출을 올린 성공한 기업가의 이야기이기도 하다.

갈피를 잡지 못하고 방황하던 소년을 훌륭한 창업자로 만들어준 것은 (물론 본인이 말한 것처럼 운도 있었겠지만) 오뚝이 같은 회복 탄력성, 배움에 대한 끝없는 갈증, 그리고 겸손함과 실행력이었다. 좋아하는 일을 찾고 싶은, 열정을 불태워보고 싶은, 뭐가 됐든 막연하게 성공이라는 걸 해보고 싶은 우리 모두에게 권하고 싶은 책이다.

개인적으로는 배움을 대하는 그의 태도가 인상 깊었다. 일단 처음에는 어느 정도 무비판적으로 수용해 볼 것, 따라 해볼 것, 다양한 것에 관심을 가져볼 것 등. 아, 트레바리를 추천하는 그의 독서 습관도 특별히 좋았다!

윤수영 트레바리 대표

밤새 꿈을 나누며 이야기하던 친구가 있습니다. 저는 아나운서를 꿈꿨고, 그 친구는 자신의 이름을 건 브랜드를 만들겠다고 말했습니다. 누군가에게 허황되게 들렸을 그 약속은 결국 현실이 되었고, 돌아보면 무모할 만큼 순수했던 그 용기가 지금의 우리를 만들어주었습니다.

"일단 해보라"는 김한균 대표의 말은 지금도 제 귀에 생생합니다. 저는 그가 늘 탄탄대로만 걸어온 줄 알았습니다. 하지만 이 책을 통해, 그가 얼마나 많은 실패와 좌절을 겪었는지, 그리고 그 모든 경험이 오늘의 그를 어떻게 단단하게 만들었는지를 알게 되었습니다.

진심을 다해 써 내려간 이 이야기가, 하고 싶은 일이 있지만 망설이고 있는 분들에게 따뜻한 응원이 되기를 바랍니다.

장예원 전 SBS 아나운서·방송인

우리는 흔히 성공이란 화려한 목표를 달성하는 것이라고 착각한다. 하지만 이 책을 읽고 나면 알게 된다. 성공은 목적지에 도달하는 것이 아니라, 도전을 멈추지 않고 계속 나아가는 과정이라는 것이다.

저자 김한균은 작은 아르바이트에서 시작해 브랜드를 창업했고 성공과 실패를 반복하며 본질에 집중하는 법을 배워나갔다. 그는 스스로를 냉정하게 객관화하고 자신의 가능성을 정확히 진단할 수 있는 사람이다. 그 과정이 있었기에 자신만의 길을 개척할 수 있었다.

『그냥 하는 사람』은 자신을 돌아보고 삶의 본질을 고민하게 만드는 책이다. 사업가뿐 아니라 자기 삶의 주인이 되고 싶은 이에게 필요한 책이다. 망설임 대신 행동을, 핑계 대신 본질을 선택해야 할 때이다.

주언규 온라인 콘텐츠 창작자 · 『슈퍼노멀』 저자

멀리서 보면 쉽게 이룬 성공 같지만, 가까이서 보면 고통스러운 과정의 연속이다. 그 사업이라는 길을 묵묵히 걸어온 창업가의 진짜 기록이다. 화려한 성공담인 줄 알고 읽었는데, 여전히 집요하게 노력하는 사람의 이야기라 더 여운이 짙다.

이 책은 성공의 기교보다 삶의 결을 말한다. 방향을 잃었을 때, 다시 걸어갈 힘이 필요할 때, 꼭 읽어보기를 추천한다.

김민준 어웨이크코퍼레이션 대표

가볍게 시작해서 완벽하게 끝낸다

저는 시작이 쉬운 사람입니다. 할까 말까 고민할 시간에 그냥 합니다. 숙고熟考와 장고長考가 반드시 실패 확률을 줄여줄 것이라고 기대하지 않습니다. 오히려 너무 깊이 생각하거나 지나치게 긴 시간 고민하는 것이, 실행을 늦추거나 방해하진 않을까 늘 경계하는 편입니다.

대신 빠르게 시작하고 무섭게 몰입합니다. 가볍게 시도해서 될 때까지 반복합니다. 생각과 행동의 간극을 극단적으로 좁히고, 실행 횟수를 촘촘히 늘리는 데 주력합니다. 여기서 키워드는 '완벽하게'보다 '꾸준하게'입니다. 완벽함을 목표로 실행 횟수를 늘리는 것은 물리적으로 쉽지 않을뿐더러 정신적으로 지치기 쉽습니다. 하지만 꾸준한 반복은 놀라운 성장을 만들어냅니다. 한 분야의 전문가가 되려면 꾸준함과 집요함으로 완벽해질 때까지 반복을 거듭하는 시간이 꼭 필요합니다. 끈질기게 몰입하고 시도하고 보완해 나가면 어느 순간 완벽에 가까워집니다.

화장품 리뷰 블로그를 시작할 때, 저는 화장품을 마냥 좋아해서 보통의 사람보다 좀 더 아는 정도였습니다. 하지만 거의 매일 화장품을 사용하고 리뷰하는 포스트를 올렸고, 블로그가 가장 영향력 있을 때 2년 연속 파워블로거로 선정되며 활발히 활동할 수 있었습니다. 화장품 로드숍에서 일하고 싶어 십수 군데 면접을 보러 다닐 때, 화장품 판매 경력이 전무한 데다가 당시에 매우 드문 남자 점원이라 퇴짜 맞기 일쑤였어요. 하지만 누구보다 잘할 수 있다는 자신감, 여기서 꼭 일하고 싶다는 의지가 있었기에 포기하지 않았습니다. 집요하게 문을 두

드렸고 끝내 일하게 된 점포에서 고객 응대와 현장 판매를 최전선에서 익혔습니다. 공모전에 합격해 화장품 대기업에 인턴으로 들어갔을 땐, 화장품을 어떻게 만들고 마케팅하는지 어깨너머로 배우면서도 완벽하게 숙지하려고 매 순간 노력했어요.

화장품 회사를 창업할 때도 200만 원의 자금이 전부였지만, 그런 여건에 굴하지 않고 끝없이 작은 시도를 반복했습니다. 첫 아이템이 시원하게 실패한 후 다시 아이를 위한 화장품을 만들며 수십 번, 수백 번 완벽한 재료의 비율을 찾을 때까지 샘플을 뽑아냈어요. 유기농 호호바 오일을 출시한 후에야 '파파레서피'라는 이름이 조금씩 알려지며 제품력을 인정받기 시작했습니다. 중국에 마스크팩을 수출하며 소위 대박이 났지만, 부족한 중국어 실력을 메우기까지 어학당에 다녔습니다. 이후에 중국에서 대학원을 졸업했고, 중국 현지에 거주하며 브랜드 현지화를 이끌었습니다.

단 한 번도 여건이 좋거나 경력이 화려하거나 잘 갖춰진 상태에서 어떤 일을 시작해본 적이 없습니다. 하지만 빠르게 착수하고 무섭게 몰입해서 어떻게든 만들어 나갔어요. 창업이라는 게 이런 환경을 끊임없이 만들어가는 과정이라고 생각합니다. 물론 준비가 다 된 상태에서 시작할 수 있다면 더없이 좋겠죠. 하지만 완벽하게 준비된 순간은 영원히 오지 않을 수 있다는 걸 뼈아프게 인지해야 합니다. 그 무엇도 준비 안 된 상태에서 무작정 시작하라는 뜻이 아닙니다. 미적대며 아무것도 안 하고 있을 바에야 기본적인 줄거리만 추려서 가볍게 시작해도 별문제가 없다는 뜻입니다.

제가 블로그를 개설할 때 '난 화장품 전문가가 아닌데 공부 좀 더 하고 나중에' 도전했다면, 남성 뷰티 파워블로거는 어려웠을 겁니다. 기업 공모전에 도전할 때 '나보다 잘하는 사람이 훨씬 많을 텐데' 두려움에 주저앉았다면, 화장품 대기업 인턴의 기회는 다른 학생에게 돌아갔겠죠. 수중에 200만 원 들고 창업할 때 '돈 좀 더 모은 다음으로' 미뤘다면, 지금의 파파레서피는 없었을 겁니다. 중국 시장에 진출할 때 '중국어 공부 좀 하고 나서' 시도했다면, 중국에서 무섭게 팔려나갔던 봄비 마스크 팩은 세상에 태어나지 못했을 겁니다. 잘하고 못하고는 덜 중요합니다. 완벽한지 서투른지도 결정적 사안은 아니고요. 성공인지 실패인지도 나중 문제입니다. 하지만 하고 안 하고는 이토록 중요합니다. 제가 만약 이런 시도를 '그냥 하지' 않았다면 지금의 저는 정말로 없었을 겁니다.

어릴 적 살던 동네를 최근에 다시 가본 적이 있습니다. 작고 낡은 주택들이 따닥따닥 붙어 있는 강원도 원주 시골 동네에서 저는 태어나고 자랐습니다. 키도 크지 않고 덩치도 작은 편이고 매일 똑같은 옷 입고 공부도 별로 잘하지 않는 평범한 아이였습니다. 좋지 않은 여건에서 자랐던 제가 지금은 '운이 좋아서' 경제적 자유를 누리고 있습니다. 제 사업이 승승장구할 때 주변에서 운

이 좋다는 말을 많이 들었습니다. 사실입니다. 인정합니다. 운이 진짜 좋았어요. 심지어 사업뿐만 아니라 인생 자체가 운인 것 같아요. 어쩌면 운이 거의 다일 수도 있다고도 생각합니다.

그런데 저에게 무언가 다른 점이 있었다면, 그 운이 제 주위를 맴돌 때 필시 무언가를 하고 있었다는 겁니다. 그냥 하고 있었다는 사실 하나만으로 저는 그 운을 잡을 기회를 얻었습니다. 뛰어나서가 아닙니다. 잘해서가 아니고요. 완벽하지 않았습니다. 부족했을 수 있어요. 하지만 안 하지 않았습니다. 피하지 않았어요. 뭐가 됐든 미치도록 몰입해서 모든 걸 걸고 임했습니다.

남들과 여건을 비교하거나, 이게 과연 될 것 같은지

주변에 의견을 묻거나, 역시나 안 되겠지 하고 주저하거나, 이건 진짜 아닌 것 같은데 더 쉬운 방법이 없나 하고 따지지 않고, 그냥 했습니다. 여러 여건이 좋지 않았던 제가 남들보다 더 가진 게 있다면, 어설퍼도 시도하는 용기입니다. 부족해도 그냥 하는 태도입니다. 때로는 생각을 멈추고 즉시 행동하는 것입니다. '그냥 하는 사람'이었기에 목표로 했던 큰 성취를 이룰 수 있었습니다.

그냥 해보겠다는 작은 용기로 실행의 첫발을 떼야만 뭐라도 달라집니다. 머릿속에서 아무리 고민하고 생각하고 재고 따지고 시뮬레이션해봐도 바뀌는 건 없어요. 실행의 중요한 포인트는 시작의 허들을 낮추는 것입니다. 남들이 미적거리고 망설이는 순간에 먼저 튀어나갈 실행력이 있다면, 어떤 일이든 매우 유리하게 흐름을 주도할 수 있습니다.

요즘 너무 빠른 속도로 달라지는 시장을 보며 더욱 절감합니다. 세심한 분석보다 대담한 실행이 먼저라고요.

생각과 행동의 간극이 멀어질수록 시도하는 횟수는 드문드문 뜸해지고 기회는 줄어듭니다. 세상은 통제할 수 없는 변수로 가득하고, 그 변수를 일일이 예측할 수 없습니다. 그렇기에 그냥 해야 합니다. 해봐야 나라는 사람의 강점과 약점을 인지하고, 내가 지금 어떤 상황에 놓여 있는지 파악이 됩니다. 자기 객관화가 명확해야 성공 확률을 더 높일 수 있습니다. 나라는 상수마저 통제하지 못한다면, 세상 그 어떤 일을 이룰 수 있을까요?

한 번에 성공으로 가는 지름길은 세상에 없습니다. 해보고 배우고 적용하며 점차 다듬어 나가는 겁니다. 가볍게 시작해서 무섭게 반복해야 완벽하게 끝낼 수 있습니다. 제 경험에 의해 정리한 실행의 3단계가 있는데요. '그냥 한다 - 반복한다 - 보완한다'가 바로 그것입니다. 이 루트를 따르면 누가 하든, 어떤 일이든 완벽에 가까워질 수 있다고 확신합니다. 그냥 하기를 반복하면 배워나가며 보완할 수 있습니다. 각자의 목표는 모두 다르겠지만 이 3단계는 어디든 통하는 공식이 될 겁니다.

이 책은 사실 제가 얼마나 어설프게 시작했는지에 대한 기록입니다. 또 얼마나 특별한 재주 없이 평범한 사람이었는지에 대한 고백입니다. 하지만 그럼에도, 어떻게든 해내려고 무던히 노력했던 한 사람의 성장기이기도 합니다. 우리는 무엇이든 할 수 있고, 될 수 있는 사람입니다. 원하는 목표에 이를 때까지 되도록 오래 그 일을 반복하면서 감당 가능한 실패를 해보세요. 그것이 그냥 하는 사람이 반드시 해내야 할 핵심 과제입니다.

이 책을 쓰면서 '무엇을' '어떻게' 그냥 하면 좋을지에 대해 고민했습니다. 그 의문에 대한 제 경험을 목차로 풀어내 선택, 시도, 성취, 배움, 균형이라는 키워드를 뽑았습니다. 부디 이 순서대로 독자가 행동할 수 있기를 바라는 의도를 담았습니다.

지금도 저는 성장하고 있습니다. 여전히 많이 실패하고, 아직도 배우고 공부합니다. 누군가 저에게 돈 벌어서 뭐가 좋으냐고 묻는다면, 돈 걱정 없이 맘껏 배울 수 있는 것이라 답할 만큼 배움의 과정에 기꺼이 몰입하고 순수하게 즐기려 합니다. 이 책이 저와 같은 사람에게 시작의 허들을 낮추는 용기를 줄 수 있기를 바랍니다. 더불어 성장의 기회를 제공하고 나아가 배움의 과정으로 승화할 수 있기를 바랍니다. 『그냥 하는 사람』을 통해 인생의 터닝 포인트를 갖게 된다면 더는 바랄 게 없겠습니다.

CONTENTS

1장. 선택

2장. 시도

3장. 성취

4장. 배움

5장. 균형

1장

선
택

선택   당장의 돈 vs
시간의 가치

화장품과 관련한 첫 일터, 에뛰드하우스 로드숍에서 점원으로 일할 때였습니다. 여느 때처럼 제품을 정리하며 매장 안으로 들어온 손님에게 인사했는데요. 마침 낯익은 얼굴과 딱 마주친 겁니다.

"어서 오세요, 공주님. 에뛰드하우스입니다."
"어머, 선생님. 안녕하세요."

당시에 22살 화학과 대학생이었던 저는 과학 과목을 가르치는 과외 아르바이트를 병행하고 있었습니다. 전공 지식을 총동원해 이해하기 쉽게 가르친 덕에 입소문이 꽤 났는데요. 그중 한 학생과 우연히 마주해 피부 타입에 알맞은 상품을 추천해 주었습니다. 하지만 어쩐 일인지 옆에 계시던 어머님의 표정이 점차 굳어져 갔습니다. '과외 선생님이 화장품 매장에서 이런 아르바이트를?' 하는 편견의 시선이 싸늘하게 꽂혔습니다.

어쩐지 불편했던 그 자리는 아니나 다를까, 과외 학생 어머님과의 면담으로 이어졌습니다. 불행하게도 제 촉이 정확히 맞았습니다. 과외와 화장품, 둘 중 하나를 선택해야 하는 순간이 온 겁니다. 과외는 시간당 페이가 가장 센 아르바이트였어요. 화장품 매장에서 10시간 일해야 과외 수업 1시간 했을 때와 같은 돈을 벌 수 있었습니다. '과외냐? 화장품이냐?'에 대한 고민은 결국 '돈이냐? 시간이냐?'에 대한 선택의 상황으로 귀결되었습니다.

20대 초반의 저는 돈과 시간의 가치에 대해 치열하게

고민하고 있었어요. 시간은 공평하게 주어지고, 돈으로 환산 가능합니다. 시간을 들여 돈을 벌고, 돈을 이용해 시간을 씁니다. 그런데 각자의 시간을 돈으로 환산한 크기는 왜 모두 다를까요? 시간을 어떻게 써야 가치와 효용이 더 커질까요?

고등학교 졸업과 동시에 피자 배달, 고깃집 숯불 피우기, 대리운전, 과외 등 닥치는 대로 아르바이트를 했습니다. 자투리 시간을 잘라 붙이고 잠을 줄여가며 할 수 있는 최대한의 시간을 끌어다 돈으로 바꾸었어요. 등록금과 생활비를 스스로 충당해야 했던 현실적 이유가 첫 번째였고, 이 과정에서 내가 좋아하는 확실한 하나를 찾고 싶은 욕구도 컸습니다.

학창 시절의 저는 돈도 없고 특출난 재능도 없는 열등감에 휩싸인 학생이었어요. 배우고 싶은 게 있어도 학원비 얘기를 꺼내기조차 어려운 형편이었습니다. 작은 성취를 맛본 적이 없으니 뭘 잘하는지, 뭘 더 할 수 있는지 스스로 정확히 파악하지 못하는 상태였어요. 성적은 늘 제자리걸음이었고, 운동 신경도 그다지 뛰어나지 않았습니다.

그런 제가 유일하게 꾸준히 관심을 가지고, 소소한 비용으로 틈틈이 시간을 투자한 분야가 화장품이었습니다. 피부가 유독 예민했던 사춘기를 보내며 어떤 제품을 어떻게 바르고 관리해야 하는지 나름 공부하고 분석해서 친구들에게 알려주는 게 너무 재밌었어요. 덕분에 체육 시간에 운동을 잘해서 눈에 띄지는 못했을지언정, 체육 시간 이후에는 주목받는 독특한 학생이었어요. 땀을 흠뻑 흘리고 나서 수돗가에 친구들이 모이면, 어떤 클렌징 제품으로 어떻게 씻어내야 효과적인지 전문가적(!) 식견으로 '썰'을 풀어나가곤 했습니다.

이때부터 막연히 '내가 좋아하고 잘하는 게 어쩌면 화장품일 수 있겠다'고 생각했습니다. 더불어 '사람들이 이런 내 모습을 좋아하고 필요로 하는구나' 하고 깨달았어요. 이후 대학의 학과를 화학과로 정한 것도(당시엔 직무 이해도가 없어서 막연히 화장품 회사에 취업하려면 화학과에 가야 하는 줄 알았습니다), 에뛰드하우스 로드숍에서 아르바이트를 시작한 것도 화장품에 대한 애정과 관심이었습니다. 돈과 시간의 가치를 저울질하며 다시 한번 이 지점을 상기했습니다. 어쩌면 당장의 돈보다 귀중한 경험을 가능하게 해주는 시간의 가치가 좀 더 상위 개념일 수 있겠다고 생각했어요.

'시간의 가치는 시간이 흐를수록 더 값지다. 하지만 돈의 가치는 시간이 지날수록 떨어진다.'

단순히 눈앞의 돈보다, 보이지 않는 시간의 묵직한 가치가 비로소 와닿았습니다. 특히 20대의 저에게 주어진 '현재'라는 시간은 훗날 아무리 큰돈으로 사려 해도 결코 살 수 없겠죠. 아무리 큰 부자여도 과거로 돌아갈 순 없으니까요. 시간과 돈에 대한 개념이 정리되자 모든 선택지가 빠르게 결정됐습니다. 지금 원하는 일을 충분히 경험하며 배워가는 시간이 훨씬 가치 있겠다는 결론에 이르렀어요. 저는 과외를 그만두고, 화장품 매장에서 계속 일하기로 했습니다.

이후 에뛰드하우스에서의 3년이 잘 기억나지 않을 정도로 빠르게 흘러갔습니다. 무엇보다 매일 고객과 대면하며 현장에서 CS Custom Service를 제대로 배울 수 있었습니다. 화장품 비즈니스에 대한 살아 있는 지식을 제 안에 쌓아가는 시간이었습니다. 특히 브랜딩에 대한 기본 개념을 몸으로 익힌 것은 큰 수확이었습니다. 브랜딩은 브랜드 이미지와 느낌, 정체성을 불어넣는 과정입니다. 당시에는 그게 브랜딩인 줄도 몰랐지만, 이 모든 과정을 오롯이 경험하는 엄청난 기회를 가졌던 겁니다.

에뛰드하우스는 'Life is sweet'이라는 슬로건을 내걸고 '분홍색의 달콤한 상상'을 전방위로 구현한 브랜드입니다. 제품은 물론이고 로고를 비롯해 홈페이지, 매장

인테리어까지 온통 분홍색의 컬러 마케팅으로 무장했어요. 당시 국내를 넘어 중국에까지 이 전략은 통했어요. 분홍색 지붕 아래 아기자기한 매장에서 일하는 점원을 '스위티Sweety'라 부르고 분홍 앞치마를 두르게 했습니다. 저 역시 스위티 중 한 명이었고요. 매장에 들어온 고객을 '공주님'이라 칭하는 것도, 회원 관리 제도인 '핑크 멤버십'을 운영한 것도 브랜드 아이덴티티Brand Identity를 일관되게 확립하는 브랜딩의 일환이었습니다.

향후 화장품 회사를 설립하면서 수많은 브랜드가 제 손에서 명멸했습니다. 브랜딩을 고민할 때마다 그 시절

현장에서 몸소 익힌 지식과 감각을 꺼내 씁니다. 이것만으로 저는 10배 이상의 보상을 받았습니다. 당시에는 10배의 시급을 포기한 파격적 선택이 훗날 감히 측정할 수 없는 가치를 가져다준 셈입니다.

장르

내가 계속할 수 있는
일인가

'화장품'을 목표로 삼은 후부터 단 한 번도 흔들린 적이 없습니다. 제가 좋아하는 일이기 때문입니다. 어떻게든 시작하고 싶었고, 밤새 해도 즐거웠어요. 그러다 보니 성과가 났고요. 지금도 새로운 프로젝트를 시작하거나 사업 아이템을 선정하기 전에 항상 이렇게 자문합니다.

"내가 계속할 수 있는 일인가?"

저는 이 질문이 "앞으로 돈이 될 일인가?"보다 훨씬 중요하다고 생각합니다. 초기 시장 조사를 철저히 하는 것과는 다른 얘기입니다. 응용 질문으로 두 가지 정도를 추가해 봐도 좋습니다. '계속' 앞에 '기꺼이'를 넣어보고, '계속' 대신에 '평생'을 넣어봅니다. 여기서도 긍정적인 답변이 나온다면 곧바로 실행하는 편입니다. 오래 고민하고 예측한다고 해서 절대로 그대로 되지 않거든요. 제가 긴 시간 고민하지 않는 이유입니다. 결국 해봐야 압니다.

좋아하는 마음으로 시작한 일은 지속 가능성과 회복 탄력성이 압도적으로 높습니다. 어떤 일을 시작한 후에 모든 과정이 매끄럽게 착착 풀리는 경우는 극히 드물어요. 특히 돈이 될 것 같아 시작한 일은, 생각보다 돈이 되지 않거나 현실적인 한계에 부딪혔을 때 포기하기 쉽습니다. 돈이 되고, 안 되고의 문제는 외부 환경의 영향을 받을 수밖에 없습니다. 상당 부분 운의 영역이기도 합니다. 온전히 스스로 결정할 수 있는 일이 아닙니다.

하지만 내가 좋아서 시작한 일은 다릅니다. 어떤 환경에서도 꿋꿋하게 헤쳐나갈 힘을 품고 있어요. 한계를 만나 깊은 수렁에 빠졌을 때 다시 일어서는 힘은 외부 환경이 아니라 내 안에 있어야 합니다. 내가 좋아하는 일이고 계속할 수 있다는 확고한 신념이 있다면, 비바람 몰아치는 고된 환경에서도 굳건하게 타개해 나갈 수 있습니다.

스스로 묻고 또 물어도 제 답은 화장품이었습니다. "우리 집은 가난하니까 되도록 안정적으로 살아라"라고 말씀하시는 부모님께 단호하게 선을 그었습니다. 무엇이든 거침없이 도전하길 좋아하는 저의 성향상 맞지 않을 거라 판단했어요. 20살이 넘었으니 독립하자 결심했어요. 그 어떤 지원을 받을 형편도 아니었고요. 곧바로 경제적, 물리적, 심리적으로 완전하게 독립했습니다. 이제 죽이 되든 밥이 되든 스스로 해내는 수밖에 없었어요.

처음부터 화장품 사업을 하겠다는 거창한 계획까지는 없었습니다. 최고의 화장품 기업인 아모레퍼시픽에 입사하고 싶었습니다. 화장품이라는 과녁을 맞힐 수 있는 모든 화살을 준비했어요. 전역 후에 화학과에서 광고홍보학과로 전과하고, 뷰티디자인과를 부전공으로 택했습니다. 공부하거나 돈 버는 시간 외에는 개인 채널을 키우는 데 온통 시간을 투자했습니다. 당시에 가장 효과적인 플랫폼이었던 싸이월드 미니홈피를 화장품 리뷰로 채웠습니다. 남자 리뷰어라는 희소성, 유니크한 사진으로 승부를 걸었어요.

다행히 전략이 잘 맞아떨어졌습니다. 매일 남녀 1명씩 싸이월드 대문에 걸어주는 '투데이 멤버'로 5번이나 선정되었어요. '투멤'으로 선정되면 하루 방문자 수가수만 명에 이릅니다. 홍보 효과가 엄청났죠. 네이버 블로그로 넘어가서도 성실하게 채널을 키워나갔습니다. 텍스트에 특화된 블로그의 특성상 화장품 정보를 좀 더전문적으로 담아낼 수 있었어요. 당시엔 남성 뷰티 블로거가 매우 드물기도 했고 '매일 화장하는 남자'라는 캐릭터가 이슈를 만들어냈어요. 네이버 메인 페이지에 노출되는 행운이 여러 번 따랐습니다. 하루 방문자 수가 수십만 명에 이를 정도로 파워가 대단했습니다.

각종 기업 공모전에도 참여했습니다. 아모레퍼시픽을 비롯해 코카콜라, LG, HSAD, 광동제약 등 가리지 않고 도전했습니다. '학교에서 배운 이론만으로 과연 현직 전문가들에게 인정받을 수 있을까?'라는 질문이 늘 따라다녔는데요. 그럴 땐 깊이 고민하지 않고 '돈 드는 것도 아닌데 그냥 해보자'고 결론 내렸어요. 이 밖에도 한국관광공사 온라인 관광기자단, 보건복지부 대학생 금연 서포터즈 등으로 활동하기도 했습니다.

이런 선택과 시도가 저를 어떤 기회로 이끌어줄지 당시에는 알지 못했습니다. 일단 시작하고 집요하게 해내려고 노력할 뿐이었어요. 각 공모전의 취지를 관통하는 콘셉트를 고민했고, 새로운 플랫폼이었던 UCC를 활용하는 등 내용과 형식 모든 면에서 차별화를 꾀했습니다. 지금 생각해도 놀라운 것은, 참여했던 모든 공모전에서 수상한 것입니다. 그 하나하나가 작은 성취가 되었고, 화장품으로 가는 길을 터주었습니다.

코카콜라 공모전에서 최우수상을 받은 덕분에 생애 첫 일본 여행에 다녀오기도 했고요. 무엇보다 아모레퍼시픽 공모전 수상자에게 주어진 인턴 기회가 저에게 왔습니다. 대학 졸업을 1학기 남기고 휴학한 후, 화장품 대기업에서 첫 인턴 생활을 시작하게 되었습니다.

아모레퍼시픽의 브랜드 에뛰드하우스 마케팅커뮤니케이션(MC) 팀에서 일하게 되었습니다. 에뛰드하우스 매장에서 화장품을 팔던 알바생이 본사에서 제품을 개발하고, 전략을 논의하고, 광고를 집행하는 것을 직접

보고 배울 기회를 가지게 된 겁니다. 아모레퍼시픽 사옥 안에 제 책상이 주어지고 사원증이 지급되었어요. 잠깐이었지만 속으로 '다 이뤘네?' 하는 생각까지 들었어요. 간절하게 원하던 목표에 일단 발은 담갔으니까요. 늘 일찍 오고 늦게 가는 생활을 반복했습니다. 그래도 즐거웠습니다. 좋아하는 일, 꿈꾸던 일이니까요. 눈앞에 매일 펼쳐진 일들이 마냥 신기하기만 했습니다. 온통 배울 것 투성이였어요.

화장품을 상품화하기 전에 '관능평가'라는 것을 하는데요. 쉽게 말해 A, B, C, D 샘플을 써보고 각자 변화에 대한 피드백을 주고받으며 구체적인 품평을 하는 겁니다. 제품의 성분, 제형, 효과에 대해 거침없이 솔직한 의견이 오갔습니다. 화장품 매장에서 판매할 때나 블로그에 리뷰할 때 많은 제품을 써보고 기록했던 일들이 의견을 내는 데 도움이 되었습니다. 이후 패키지 디자인, 광고 시사까지 모든 과정에 참여했는데요. 인턴사원에게 결정권이 있을 리 없지만, 주어진 영역 안에서 최선을 다했습니다. 하나라도 놓치고 싶지 않아서 회의에서 나온 모든 말을 빽빽하게 기록했습니다.

인턴 생활 중에 가장 크게 깨달은 것은 프로의 태도였어요. 저는 늘 아이디어가 넘치는 사람이었는데요. 그 아이디어가 아이디어에만 그치면 안 된다는 사실을 깨닫게 되었습니다. 아무리 기발한 아이디어라도 실행 가능하지 않으면 아무 소용이 없었어요. 프로라면 내가 하는 말을 지킬 수 있어야 하고, 실행할 수 있는 사람이어야 합니다. 실행하지 못할 거창한 말은 궤변일 뿐이지요. 프로는 주어진 일정과 예산 내에서 아이디어를 실행해 성과를 내는 사람입니다.

돌이켜 보니 좋아하는 마음 하나로 화장품이라는 길에 들어섰는데요. 제가 이렇게까지 확신을 가진 것은 화장품은 '트렌드'가 아니라 '장르'였기 때문입니다. 시시각각 바뀌는 트렌드 안에서 내 길을 정한다면, 몇 년 후에 방향 선회가 불가피할 수 있어요. 하지만 장르는 시간이 흘러도 변함없이 한 영역을 지키고 있습니다.

제 10대와 20대는 저만의 장르를 찾아가는 과정이었습니다. 이것저것 부딪치며 내가 어떤 것에 돈과 시간을 투자하는지 살폈던 것 같아요. 자신이 좋아하는 것에 돈과 시간을 쓰는 것은 아깝지 않으니까요. 물론 30대이건 40대이건 제 길을 찾는 데 연령이 중요하진 않습니다. 다만, 시도하고 부딪치는 횟수는 중요하다고 생각합니다. 횟수가 늘면 자연히 발견할 확률, 성공할 확률도 높아지니까요. 그렇게 내가 평생 해도 좋을 내 일의 장르가 무엇인지, 어떤 일을 계속할 수 있을지, 질문을 던지고 답을 찾는 과정을 꼭 가져보기를 권합니다.

자각   # 애매한 스펙,
애매한 경력

"내가 계속할 수 있는 일인가?"라는 질문에서 '내가'에 좀 더 주목해 볼까요? 일에 대한 확신이 있더라도 나에 대한 인식이 부족하면, 단계를 밟아나가는 과정에 어려움이 있을 수 있어요. 경계해야 할 것은, 바로 내가 해낼 수 있는 범위를 크게 넘어서 훨씬 더 할 수 있다고 착각하는 겁니다. 끊임없는 자기 객관화 과정이 필요합니다. 그렇다면, 내가 할 수 있는 일이라는 것을 어떻게 측정할 수 있을까요?

저는 이렇게 가늠했어요. 시급 2,500원 받는 화장품 매장의 아르바이트를 응당 잘해 낼 수 있어야, 월급 150만 원 받는 화장품 회사의 인턴 생활을 해낼 준비가 된 것이라고요. '시급' 받는 아르바이트생의 역할도 잘해 내지 못하는 사람이 과연 '월급' 받는 인턴 생활은 잘해 낼 수 있을까요? 더 나아가 '연봉' 협상하며 직급이 높아지는 사원, 대리, 과장, 차장, 부장, 임원의 업무는 감당해 낼 수 있을까요?

아직 경험하지 못해 가늠하기 어렵다면, 돈을 가장 적게 받는 일부터 시작해 보는 겁니다. 보상이 적게 주어지는 일이 권한도 적고, 책임도 적습니다. 아직 준비가 부족해 설사 잘못 예측했더라도 큰 타격 없이 감당해 낼 수 있죠. 부담이 덜한 자리에서 현장 실무를 경험하고, 나를 시험해 볼 기회를 가져보는 겁니다. 특히 당장의 돈보다 시간의 가치에 투자하며 나의 경쟁력과 가능성을 여러 면에서 살펴보길 권합니다.

만약 오너의 입장이라도 마찬가지입니다. 보상과 권한과 책임의 범위를 조금씩 늘려가며 직원이 감당할 수 있는 판을 깔아주어야 합니다.

화장품 일을 하고 싶었던 제가 에뛰드하우스 로드숍에서 아르바이트부터 시작한 것은 판매의 기본기를 닦는 데 결정적 역할을 했습니다. 당시엔 남자 아르바이트생이 거의 없던 때라 이력서를 제출한 매장에서 모조리 퇴짜를 맞았는데요. 십수 번째 시도 끝에 한 점장님이 독특하고 재밌다며 기회를 주셨습니다. 저는 그 매장에서 3년 가까이 일하면서 시급 이상의 몫을 충분히 해냈습니다. 매장 문을 열고 닫을 때까지, 사소한 것 하나까지도, 놓치지 않고 직접 챙겼습니다. 그러다 보니 어느 순간 당장 오픈해도 이상하지 않을 정도로 매장을 운영하는 모든 일에 전방위로 숙련되어 있었습니다.

이후 아모레퍼시픽에서 인턴 생활을 하면서도 제 몫을 잘해 낼 수 있었습니다. 당시에 인턴은 3개월씩 연장 가능했는데요. 동료를 비롯해 선배, 상사들에게 좋은 평가를 받아 3개월 연장되어 총 6개월간 에뛰드하우스에서 일했습니다. 이후에 에뛰드하우스 팀장님의 추천으로 이니스프리 브랜드매니저(BM) 팀으로 자리를 옮겨더 일하게 되었습니다.

이니스프리에서는 좀 더 다양한 시도를 해볼 수 있었습니다. 저에게 기회와 권한을 주신 이수향 팀장님(현재 코스메쉐프 대표) 덕분에 브랜드 마케팅을 실행해 볼 수 있었어요. '그린어스' 서포터즈 활동을 1기부터 기획하고 모집한 것이 그중 하나였습니다. '그린'은 숲과 자연, '어스'는 우리가 지켜야 할 지구를 뜻합니다. 열정 있는 대학생을 선발해 이니스프리 자연주의 캠페인 활동을 함께했는데요. 예를 들면, 화분과 씨앗을 나눠주고 '반려식물'이라 이름 붙여 식물이 자라는 과정을 SNS에 기록하도록 하는 겁니다. 자연스럽게 이니스프리 화장품이 초록의 자연과 연결될 수 있도록 하여 브랜드 이미지를 고취하는 게 목표였어요. 서포터즈에게는 이니스프리 본사 인턴의 기회를 제공하고, 매월 활동비와 우수

활동 상금을 지급했습니다. 퍼포먼스가 좋아서 이후에 20기까지 운영되었습니다. 물론, 기존에 쌓여 있던 이니스프리의 브랜드 파워 덕분에 가능했습니다.

총 1년간 인턴으로 아모레퍼시픽에서 많은 것을 배우고 학교로 돌아가 남은 학기를 마쳐야 했어요. 열심히 했고 성과도 났지만, 채용은 또 다른 문제였습니다. 아모레퍼시픽은 4년제 대졸자 이상에게만 입사 자격이 주어졌습니다. 최소한의 자격을 갖추기 위해 대학 졸업장은 필수였어요. 그간 연고 없는 서울에 올라와 1평 남짓한 고시원 방에서 생활했는데요. 편히 발 뻗고 잘 수도 없고, 공용 화장실을 써야 하는 호된 타지살이를 감당해야 했습니다. 다시 원주로 내려가 본가 근처에서 대학교를 졸업했습니다.

취업을 앞두고 다시 고민하게 되었어요. 이제까지 화장품을 어떻게 제조하고 브랜딩 하는지 배웠다면, 온라인 플랫폼을 통해 어떻게 팔아야 하는지 알고 싶었어요.

소셜 커머스가 막 떠오르며 붐을 일으키기 시작한 때였습니다. 글로벌 소셜 커머스 회사인 그루폰Groupon에 입사했습니다. 이곳에서 '온라인 마케팅' 말고 '온라인 세일즈'를 해보고 싶었습니다.

당시 소셜 커머스 기업은 각 지역의 신선한 제품을 바로 공수해 판매하기 위해 지점을 두고 있었는데요. 본가와 가까운 원주 지점에서 일했고, 직원이 3명밖에 없었습니다. 저는 에디터로 입사했지만, 영업자이자 마케터이자 디자이너가 되어야 했어요. 생산자를 찾아가 설득해 입점시키고, 상세 페이지를 디자인하고, 고객에게 알려서 파는 것까지 전천후 멀티플레이어로 뛰어야 했습니다.

다른 직원들이 퇴근한 후에도 혼자 남아 일을 처리하는 시간이 많았습니다. 하나둘 눈에 띄는 사항을 체크하고 챙기다 보니 어느새 제가 오너인 것처럼 돌아가는 모든 일을 파악하게 됐어요. 일 자체는 재미있었고 밤새워 일해도 상관없었지만, 시간이 갈수록 고민이 깊어졌습니다. 화장품을 팔고 싶은데, 농산품만 판매하고 있었으니까요. 오래 할 수는 없겠다고 판단했어요. 저는 화장품이 너무 하고 싶었거든요.

퇴사를 앞두고 다시 한번 스스로를 객관적으로 바라보았습니다. 28살, 짧은 경력, 지방대 학력, 뛰어나지 않은 영어 실력…. 아무리 생각해도 제가 원하는 화장품 기업에 취업하기 어려울 것 같았어요. 열심히 한다고 달려왔는데 저에게 남은 것은 애매한 스펙, 애매한 경력뿐이었어요.

하지만 저에겐 강점이 있었습니다. 취업에 유리한 스펙은 없었지만, 오너처럼 일해본 경험이 있었어요. 화장품 로드숍 아르바이트부터 국내 최고의 화장품 기업, 이제 막 떠오르기 시작한 소셜 커머스에 이르기까지 어디서든 한순간도 적당히 일하고 넘긴 적이 없었어요. '셔터 문을 올리고 내릴 때까지' '제품을 만들고 알리고 파는 순간까지' 사소한 모든 일을 챙기는 오너처럼 일해본 경험 덕에 창업이 두렵지는 않았습니다.

빠르게 실행하는 것이 정말 중요하지만, 그 이상으로 필요한 것이 스스로 감당할 수 있는 선을 잘 가늠하는 겁니다. 시간, 돈, 체력, 실력, 정신력 중 그 무엇도 준비되지 않았는데 무작정 창업하는 것은 그야말로 위험하고 무모한 도전일 수 있어요. 단계적으로 나의 현실적 한계를 알기 위해선 '지금 가능한 선에서' 할 수 있는 것을 먼저 해보면 됩니다. 화장품 일을 하고 싶었던 제가 우선 매장 아르바이트로 시작한 것처럼, 꿈에 다가서기 위해 작은 일부터 한번 해보는 거죠. 직업에 귀천을 따지지 마세요. 현재 가능한 자리에서, 감당할 수 있는 선에서 일단 시작해 보세요. 이런 작은 시작이 훗날 어떤 길로 나를 이끌어줄지 모릅니다.

주어진 자리에서 응당 잘해 내고 있다면 다음 단계를 밟아나가는 걸음이 가볍습니다. 무엇을 할 수 있는지, 어디까지 할 수 있는지, 내가 나를 정확히 바라볼 줄 알아야 착각하지 않고 밀고 나갈 수 있어요. 나를 과신하지 않는 것, 나를 현실적 관점에서 자각하는 것, 바로 이것이 자기 객관화의 시작이자 자신의 길을 차분하게 닦아나가는 과정입니다.

시작

단 2%의 가능성만
있다면

상지대학교 창업보육센터에서 보증금 100만 원, 월세 15만 원에 작은 사무실 한 칸을 얻었습니다. 사무실 집기라고는 집에서 가져온 낡은 책상과 의자, 노트북이 전부였어요. 뭐가 될지는 모르겠지만, 일단 해보자고 마음먹었습니다. 거창한 목표를 세우기보다 일단 딱 한 걸음만 떼보자 생각했어요. '이것 하나만 나아져도 해볼 만한 것 아닌가?' 하면서요. 항상 손해 볼 게 없다는 마음으로 임합니다.

설사 98%가 악조건이어도 단 2%의 가능성을 보고 시작합니다. 어떤 시장에도 틈새는 있고, 어떤 상황에도 돌파구는 있게 마련이에요. 찾으려 하면 보입니다. 지금 당장 시작할 수 없는 사정이란 건 언제고 생겨날 수 있는데요. 백 가지 사정이 있어도 한 가지 해야 할 이유가 있다면 일단 해보는 겁니다. 피치 못할 사정이 있어서 시작하지 못한다는 말을 많이 듣습니다. 간혹 이해해야 하는 경우도 있지만, 그 사정이란 게 혹시 하기 싫은 이유는 아닐까요? 스스로 냉철하게 점검해 보면 좋겠습니다.

실행을 늦추는 또 다른 이유가 '아직 완벽하지 않아서'인데요. 세상에 완벽이라는 게 존재할까요? 완벽하게 보일 뿐이죠. 특히나 고민하고 실행하는 것은 초심자의 태도가 아니라고 생각합니다. 일단 시작해서 만들어나가는 겁니다. 작게 시작해서 완벽하게 만들면 됩니다. 이렇게 마음먹으면 현재의 조건을 탓할 필요가 없습니다. 실행을 늦출 필요는 더더욱 없고요.

그렇게 8평 사무실에서, 단돈 200만 원 자본금으로,

28살에 시작한 사업. 홀로 매일 출근했고 수시로 굶었습니다. 창업하고 나서 모든 선택은 제 몫이 되었는데요. 어떤 브랜드, 어떤 제품을 어떻게 만들지부터 선택해야 했어요. 무엇보다 명확한 기준이 필요했어요. 이 질문을 맨 앞에 두었습니다.

"내가 느낀 문제점을 잘 해결하고 있는가?"

일단 적은 예산으로 팔릴 만한 제품을 만들어야 했습니다. 저는 남성 화장품 브랜드 '완Whan'을 론칭하고 첫 제품으로 컨실러를 만들었습니다. 얼굴에 잡티를 가리는 용도의 컨실러를 남성 전용 제품으로 만든 겁니다. 당시로선 매우 드문 남성 전용 뷰티 블로거였고, 남성의 피부 문제를 해결하겠다는 포부가 있었습니다. 운영하고 있던 블로그와 싸이월드를 홍보 채널로 적극 활용했습니다. 제가 제품을 소개하고 이웃 블로거들이 후기를 써주었어요. 인플루언서들의 파워 덕분에 초반에는 반짝 팔려나가는 듯했습니다.

하지만 결과는 참담했습니다. 창고에 쌓인 재고를 보자 한숨이 푹 쉬어졌어요. '저 제품들이 팔려야 돈이 되는 건데….' 다음 제품을 생산할 자금이 없는 암담한 현실이 절절히 와닿았어요. 사업에서 현금 흐름이 얼마나 중요한지 절실히 깨닫는 계기가 되었어요. 이때의 경험으로 '절대 재고 위험을 안지 않는다'는 원칙을 세우게 되었습니다.

지금 생각해 보면 참 안 될 만한 선택을 했다 싶은데요. 일단 '내가' 아니라 '누구라도' 느낄 만한 문제를 찾아내야 합니다. 그러니까 '나뿐만 아니라 다수의 사람이 느낀 문제점을 잘 해결하고 있는가?'가 기준이 되어야 합니다. 이 질문에 대한 답을 잘 찾아가려면 스스로 감을 찾는 과정이 중요합니다. 물론 나의 필요도 중요하지만, 좁은 시야에서 벗어나 다수의 입장에 서보는 겁니다. 정말 이 제품이 필요한지, 돈을 주고 살 건지, 꼼꼼히 따져 묻고 답해 봅니다. 가끔은 상상 속의 인물을 가까이 두기도 합니다. 꼭 팔고 싶지만, 세상 까칠한 고객을 바로 옆에 모셔두고 일하는 거죠. 그들의 마음을 예상하고 그들에게 팔 제품을 상상하다 보면 어려운 지점이 풀리기도 합니다.

물론 처음부터 성공할 순 없습니다. 확신할 수도 없고요. 설사 몇 번의 시도가 실패했더라도 차츰 방향을 틀어가며 길을 찾아 나가게 됩니다. 저 역시 실패한 제품, 실패한 브랜드가 셀 수 없이 많습니다. 이 과정을 통해 감을 키워나갔을 뿐입니다. 그러다 기회를 만나기도 하고 작은 성공을 맛보기도 했습니다. 시도를 거듭할수록 자연히 실패는 줄고 성공 확률이 높아지겠지요.

잘된 브랜드 몇 개만 보고 '저 사람은 쉽게 성공하네!' 하고 단정 짓기도 하는데요. 수많은 시도 끝에 비로소 잡은 기회라고 생각합니다. 누구라도 실행하는 과정에서 성공할 수 있고 실패하기도 합니다. 꼭 강조하고 싶은 것은 성공과 실패는 도달해야 할 '결말'이 아니라 겪어야 할 '과정'이라는 겁니다. 목표를 향해 가는 치열한 시도 속에 성공이나 실패라는 과정도 겪는 것이라고, 저는 그렇게 생각합니다. 성공도 실행 중의 하나이고, 실패도 실행 중의 하나일 뿐입니다.

제 머릿속 성공의 형태는 점이 아니라 끊임없는 시도로 이어진 선입니다. 심지어 지금도 성공의 상향 곡선을 그려나가는 중입니다. 촘촘하게 시도하고 계속 도전하면서 부디 끊어지지 않고 단단하게 이어지기를 바라면서요.

본질   # 누구의 문제를,
        어떻게 해결할까

실패의 경험은 저를 변화시켰습니다. 처음에는 제가 하고 싶은 일을 했습니다. 만들고 싶은 제품을 만들었습니다. 이후의 저는 질문하는 사람이 되었어요. '이 제품이 나에게 필요한가?' '내 주변에서 필요로 하는 것인가?' '누구의 문제를, 어떻게 해결할 수 있나?'를 차례로 물어봅니다. 다음으로 '이 문제를 갖고 있는 사람이 얼마나 될까?' '관심을 가질 만한 사람이 어디에 있을까?'를 살핍니다.

타깃층이 확실하다고 판단하면 적절한 원료를 고릅

니다. 저는 원재료를 선택하는 데 많은 시간을 씁니다. 화장품의 본질과 닿아 있다고 생각해서입니다. 좋은 재료를 사용해 피부 문제를 해결하고 개선하는 것이 화장품입니다. 네트워크나 홍보·마케팅 등이 아무리 중요해도 본질보다 우선할 수는 없습니다.

다음 과정으로 선택한 재료를 최적의 비율로 배합하는 여러 단계의 테스트를 거쳐, 어떤 용기에 담을지 패키지를 디자인·제작합니다. 그리고 최소 단위의 양을 만들고 유통해 시장의 반응을 봅니다.

개당 단가가 좀 더 비싸더라도 초반에 되도록 적게 생산하는 이유는 수많은 재고를 보면서 좌절하는 것보다 낫기 때문입니다. 혹여나 예측이 실패하더라도 또다시 위험을 감행할 수 있는 리스크 테이킹Risk Taking이 중요하니까요. 이 역시 앞선 실행이 가르쳐준 것입니다. 아마도 이 과정은 화장품뿐만 아니라 대부분의 제조업에 적용 가능한 순서가 될 겁니다.

딸아이가 태어나자 저의 피부 고민은 자연스레 아이에 대한 피부 고민으로 옮겨갔는데요. 아빠가 만든 유기농 화장품 '파파레서피'가 이때 탄생했습니다. 좋은 것만 주고 싶은 '아빠'가 최상의 재료를 최적의 비율로 배합한 '레서피'로 건강한 피부를 선물하겠다는 마음을 브랜드에 담았어요. 아이의 피부를 고민하는 부모의 니즈가 분명히 있을 것으로 판단했어요.

파파레서피를 알린 첫 제품은 '유기농 호호바 오일'입니다. 아기가 쓰는 시중의 오일 제품을 살펴보니 유해한 성분이 함유된 경우가 많았어요. 파라벤, 포름알데히드, 알코올, 에탄올, 광물성 오일, 벤조페논 등 단 1%도 아이에게 주고 싶지 않았습니다. 유기농 호호바 오일은 유기농 골든 호호바씨 오일의 함량이 무려 90% 이상입니다. 시중의 어느 제품과 비교해도 최상급 원재료의 함량이 압도적으로 높았죠.

자신 있게 화장품의 전 성분을 공개했습니다. 유기농 호호바씨 오일 외에도 유기농 시어버터, 유기농 마카다

미아씨 오일, 유기농 스위트아몬드 오일 등 이름만 들어도 반가운 천연 재료를 배합했어요. 인공 향료 대신 일랑일랑꽃 오일, 라벤더 오일, 레몬껍질 오일로 향을 낸 것도 신뢰를 주었습니다.

　본질에 집중했을 뿐인데 시장의 반응은 놀라웠어요. 성분에 대한 칭찬과 더불어 아이의 피부가 개선되었다는 입소문이 나기 시작했습니다. 파파레서피는 이를 필두로 점차 제품군을 늘려갔어요. 좋은 반응을 얻은 호호바 오일에 알로에를 더해 '알호바 로션'을 론칭했습니다. 햇빛에 노출된 이후 진정 효과를 볼 수 있는 제품입니다. 보통은 외출 전에 자외선 차단제를 바르는데요. 자외선을 차단하는 인공 성분이 연약한 아기 피부에 트러블을 일으킬 수 있거든요. 여기에 부담을 가진 부모들에게 외출 전이 아니라 외출 후에 울긋불긋 태열이 올라온 아기 피부를 '애프터 선케어'로 진정시키자고 제안한 겁니다.

파파레서피 브랜드를 키울 수 있었던 가장 큰 이유는 다름 아닌 본질에 충실했기 때문이라고 생각합니다. 좋은 재료를 가장 적절한 비율로 배합해 피부 건강에 도움을 주겠다는 화장품의 본질 말입니다. 유기농 호호바 오일은 '누구의 문제를, 어떻게 해결할 것인가?'에서 명확한 답을 갖고 있는 제품입니다. 경험과 사람 속에서 니즈를 찾고 제품으로 개발해 성공한 사례입니다.

'어떻게 하면 본질에 다가설 수 있을까?'를 브랜딩 측면에서 묻는다면 두 가지를 생각해 볼 수 있겠습니다.

첫째, '진정성'은 브랜딩의 중요한 요건입니다. 기술보다 진정성이 각광받는 시대, 이제 소비자는 아무 제품이나 소비하지 않습니다. 진정성은 브랜드와 소비자 사이의 신뢰입니다. 그렇다면 '어떻게 진정성을 보여줄 것인가?'가 숙제인데요. 파파레서피는 천연 성분으로 진정성을 보여줬습니다. 성분은 거짓말하지 않습니다. 눈으로 확인할 수 있고요. 유기농 천연 재료의 압도적 함유량! 이게 곧 파파레서피의 진정성이고 계속 시장을 넓히는 열쇠가 되었습니다.

둘째, 브랜드에 이야기를 부여하는 '스토리텔링'입니다. 아빠가 딸을 위해 좋은 재료로 만든 화장품! 천연 재료를 구하기 위해 백방으로 뛰는 아빠의 모습을 상상했고, 이를 파파레서피라는 브랜드 네임에 담았습니다. 실제로 아이가 태어나 조리원에서부터 겪었던 피부 고민과 '혹시 아토피로 발전하면 어쩌나' 하는 아빠의 걱정까지 개인 채널을 통해 지속적으로 이야기했습니다. 갓 태어난 딸아이는 아빠의 유난으로 시중의 제품이 아닌, 직접 만든 파파레서피 제품을 바르고 피부가 개선되었습니다.

하나하나의 과정은 블로그를 통해 생중계되었습니다. 이보다 더 진정성 있는 스토리텔링이 있을까요? 이 모든 과정이 억지로 꾸며낼 필요가 없는 있는 그대로의 이야기였어요.

시장의 경쟁은 날로 뜨거워지고, 소비자는 상품 그 이상의 가치를 원합니다. 이런 환경에 등 떠밀리지 않기 위해 다시금 본질이 무엇인지 생각하는 시간을 가져야 합니다. 진정성과 스토리텔링, 이 두 가지 키워드를 브랜딩에 적용해 보세요. 내가 만든 제품, 내가 하는 일의 본질을 관통하는 키를 찾을 수 있을 겁니다.

2장

시
도

맷집   준비하고 맞으면
          덜 아프다

　파파레서피의 매출이 완만하게 오르기 시작했습니다. 월 매출이 1,000만 원, 2,000만 원, 3,000만 원… 차츰 불어났어요. 새로운 원재료를 찾으러 백방으로 뛰어다녔고, 연구원들과 생산 관련 미팅도 자주 가졌습니다. 일주일에 5~6일은 원주와 서울을 오간 것 같아요. 택시 기사인 아버지보다 운전을 더 많이 했습니다. 24시간이 부족해 휴게소 호두과자로 끼니를 때우는 날도 많았습니다.

　고되고 버겁긴 해도 신명 나게 일했습니다. 하루하루 최선을 다해 사업을 꾸려가던 중에 사건이 터지고야 말

있습니다. 마지막 직장이었던 그루폰에서 함께 일했던 동료로부터 사기를 당한 것입니다. 그는 우리 사무실에서 몰래 사업자등록증을 가져갔습니다. 사업자번호로 매출을 발생시키고 거래처에 대금 정산을 하지 않았습니다. 급기야 그 돈을 갈취하다가 적발되었어요. 회사가 사기 사건에 연루되었기에 전 계좌를 압류당했습니다. 제가 알지 못하는 일이었지만, 동업자로 몰렸습니다. 분하고 억울했지만, 내 억울함을 푸는 데 시간을 쓰기보다 피해자들과 합의하는 게 먼저였어요. 그게 도의적 책임이라고 생각했습니다. 피해 업체 법무팀과 경찰서를 오가며 소명해야 했습니다.

순식간에 전 재산이 날아갔습니다. 월세 보증금까지 빼도 돈이 부족했어요. 주변을 둘러봐도 도움 청할 곳이 없었습니다. 어려울 때 등 돌린 사람을 보며 '돈이 이렇게 치사한 거구나' 절절히 깨달았습니다. 이제 방향을 정하고 막 달려나갈 참이었는데 무릎이 꺾인 것만 같았어요. 삶이 참 팍팍하게 느껴졌습니다. 모든 걸 내려놓고 싶을 만큼 힘든 시기였어요. 하지만 여기서 포기할 수는 없었습니다. 저에겐 똘망똘망 호기심 어린 눈으로 세상을 바라보는 딸아이가 있었습니다. 무력하게 주저앉기엔 너무 좋아하던 일이었고요.

벼랑 끝에 몰린 저에게 걸려온 전화 한 통을 지금도 잊을 수 없습니다. "이제 막 취업했으니 빌려줄 돈을 마련하겠다"는 친구의 전화였습니다. 하늘이 무너져도 솟아날 구멍이 있다는 말이 이럴 때 쓰는 거더군요. 천금 같은 친구의 제안을 최후의 보루로 미뤄둔 채, 친동생에게 도움을 청했어요. 동생이 퇴직금을 끌어다가 자금을 마련해 줬습니다. 급한 불을 끄고 다짐했어요. 어떻게든 성공하겠다는 결심이 가슴속에 뜨겁게 차올랐습니다.

이 시기 저에게 버팀목이 되어준 것은 파파레서피 제품 후기였습니다. 천연 재료의 압도적 함유량에 대한 만족스러운 후기가 이어졌습니다. 아토피나 민감성 피부를 가진 아이들이 몰라보게 호전되었다는 글을 볼 때,

일에 대한 보람을 넘어서 뜨거운 감동이 밀려왔습니다. 글을 글로 갚았습니다. 화장품 관련 정보를 하나라도 더 드리고 손 편지로 후기를 주고받으며 긴밀한 관계를 이어갔습니다. '성분 좋은 화장품'으로 알음알음 퍼지기 시작한 입소문은 여러 연령대로 확산되었습니다. 저는 새 라인 론칭에 박차를 가했습니다. 타깃층을 세분화하고 그에 맞는 제품 개발로 매출 파이를 키울 생각이었습니다.

민감한 10대의 피부를 겨냥한 '숨바꼭질' 라인을 론칭했습니다. 트러블이 안 보이게 꼭꼭 숨어버린다는 뜻을 브랜드 네임에 담았어요. 티트리 라인의 시초이고 스킨, 로션, 크림, 클렌징폼, 비누 등 기초 라인으로 트러블을 잠재우는 데 중점을 뒀어요. 블로그를 통해 공개 후 1차 완판되었고 이후 꾸준한 수요로 N차 완판을 이어갔습니다.

화이트닝 라인 '백설공주'도 반응이 좋았습니다. 브랜

드의 각 라인별로도 재미난 스토리를 부여했는데요. 얼굴이 칙칙해진 백설공주를 보고 아빠가 난쟁이들에게 하얀 꽃이 피어 있는 숲을 알려주고, 그 꽃으로 공주의 하얀 피부를 되찾는다는 이야기입니다. 실제로 하얀 백합, 하얀 연꽃, 하얀 캐모마일이 함유된 순한 제품이었습니다. 새로운 타깃층을 공략할 때도 '아빠가 구한 친환경 재료로 피부 문제를 어떻게 해결할까?'를 중점적으로 따졌습니다. 이 원칙은 큰 방향이 흐트러지지 않게 항상 저를 도왔습니다.

새 라인 론칭을 거듭하자 월 매출 5,000만 원을 넘길 수 있었습니다. 하지만 곧 정체기가 왔습니다. 아무리 열심히 해도 혼자 힘으로는 한계가 있음을 절감했어요. 위기 때마다 고마운 사람이 나타나 주었는데 이때도 그랬습니다. 당시 숨바꼭질 라인을 써본 '김하은'이라는 10대 블로거(현재 '하이델 하은'으로 활동하는 인플루언서로 성장했어요)가 상세한 후기를 포스팅했고 네이버 메인에 노출된 것입니다. 그것도 한 번이 아니라 여러 번이요.

홀로 과녁을 향해 산탄총을 쏘던 중에 귀인이 나타나 바주카포를 시원하게 쏴준 셈입니다. 넘어서지 못할 것 같은 마의 구간, 월 매출 1억 원을 그렇게 돌파했습니다. 매달 조금씩 갚아나갔던 빚도 빠르게 청산할 수 있었습니다.

이후에도 위기는 수없이 찾아왔습니다. 이 시기에 유독 휘청인 것은 맷집 훈련이 덜 되었던 게 아닌가 스스로 복기하게 됩니다. 아마도 세상의 풍파를 온몸으로 두들겨 맞으며 차츰 맷집을 키우게 된 것 같은데요. 그 과정에서 저절로 체득하게 된 사실은 큰 위기는 큰 기회라는 것입니다. 미리 맷집 훈련을 해둘 수만 있다면 위기를 기회로 바꾸는 과정이 훨씬 수월할 겁니다.

말하자면 이런 겁니다. 역치가 10인 상태에서 강도 5의 일이 닥치면 나한테 별거 아닌 일이 됩니다. 하지만 역치가 0인 상태에서 강도 5의 위기가 오면 누구라도 버거울 수밖에 없죠. 학창 시절 선생님께 매일 5대씩 맞던

학생은 6대부터 아픔을 느끼기 시작합니다. 하지만 처음 맞는 학생은 1대만 맞아도 엄청 아파요. 사실 맷집 훈련이란 게 다른 게 아닙니다. 이 고난의 역치를 높이는 과정입니다. 준비하고 맞으면 덜 아픕니다.

맷집을 키우는 확실한 방법은 더 많이 시도하는 것입니다. 더 자주 연습하고 경험하는 것입니다. 당시에 실패라고 여겼던 일도 지나고 보면 실수에 지나지 않을 때가 많습니다. 아무것도 하지 않고 실수하지 않는 삶보다 뭐라도 해보고 실수하는 삶이 훨씬 더 의미 있습니다. 실수나 실패를 두려워하지 마세요. 두려움 없이 더 많은 실패를 할 수만 있다면 맷집은 자연히 세집니다. 웬만한 고난에는 끄떡하지 않는 무쇠 같은 맷집으로 어떤 일이든 잘해 낼 수 있습니다. 만 번의 실패는 만 번의 좌절이 아닙니다. 만 번의 경험이고 만 가지 방법을 아는 것입니다.

위기를 맞이하는 내 생각과 태도를 바꾸는 것도 맷집

강화에 도움이 됩니다. '나한테 왜 이런 일이 생겼을까?' 라고 생각하는 대신, '이 일을 극복하면 또 성장하겠구나' 하고 받아들이는 겁니다. 그럼 좌절하고 자책하기보다 '이번 일은 어떻게 해결할까?'로 자연스레 방향을 잡게 됩니다. 더 나아가 위기 극복 과정을 즐기면서 문제를 해결할 때 쾌감을 느끼는 단계에까지 이르게 됩니다. 제 주변의 성공한 사업가들은 이런 태도를 가진 분이 꽤 많습니다. 이 문제만 넘어서면 성공할 수 있다는 굳건한 믿음으로 어떤 위기가 닥쳐도 의연한 태도로 맞이합니다. 위기를 성장의 발판으로 삼으면, 훨씬 더 생산적인 삶을 살 수 있습니다.

영업　　거절당할 용기만
　　　　있다면

　위기에 끄떡없는 단단한 맷집, 여기에 더해 거절당할
용기를 가진다면 더 많은 기회가 내 편이 됩니다. 그냥
하는 것을 방해하는 가장 큰 장애물이 거절, 망신, 평가,
실패 등에 대한 두려움입니다. 다행스럽게도 제가 무엇
이든 두드리고 시도하고 실행할 수 있었던 이유는 거절
당해도 타격 없는 용기가 있었기 때문입니다.

　파파레서피의 매출이 월 1억 원을 돌파하자 3억 원, 4
억 원, 5억 원까지 순식간에 올랐습니다. 창업 3~4년 차
가 되자 그간 여러 군데로 분산해 놓았던 기회가 동시다

발적으로 터진 겁니다. 블로그와 자사 몰, 소셜 커머스 등 온라인을 잘 관리하면서 오프라인 매장 영업을 직접 발로 뛰었습니다. 전국 곳곳에 있는 베이비 용품 전문 매장을 샅샅이 방문했는데요. 이때 항상 챙겨 다니는 두 가지가 바로 파파레서피 대표 명함과 더불어 거절당할 용기였습니다.

"안녕하세요. 아빠가 만든 화장품 파파레서피 대표 김한균입니다!"

처음 보는 사람에게 명함을 내밀고 저를 우렁차게 소개하면서 이렇게 생각했습니다. 최선을 다해 파파레서피를 입점시키려 노력하지만, 계획대로 안 된다고 해도 나름의 사정이 있을 거라고요. 엄밀히 따져보면, 제가 영업한다고 해서 다 입점시켜줄 의무는 없습니다. 모든 사람이 제 상황에 맞춰서 움직여야 할 이유가 없으니까요. 요청해서 들어주면 감사하고, 거절하면 재차 노력하거나 여의치 않을 때 결과를 받아들이면 됩니다. 이렇게 심플하게 생각하면 상대가 거절한다 해도 타격받거나 상심하는 일은 거의 없습니다.

생각을 실행에 옮길 때 거절당할 용기와 더불어 나에게 실망하지 않을 용기, 좌절하지 않을 용기도 필요합니다. 실행이라는 것은 오로지 나의 의지이고 행동일 때도 있지만, 상대방에 의해 가로막혀 못하게 되는 경우도 많습니다. 사실 해보기 전까지는 어떻게 될지 아무도 모르죠. 될 것 같아서 했는데 안되는 경우도 있고, 안될 줄 알았는데 되는 경우도 있습니다. 그래서 거절당할 용기가 가장 어려운 준비물이고, 거절당한 후에 실망하거나 좌절하기도 합니다. 하지만 여기서 실망하거나 좌절하는 대신, 그냥 인정하면 됩니다. '내가 부족했구나, 더 배워야겠다' 이렇게요.

최선을 다해 준비했고 용기 있게 실행했다면 그 거절은 누구의 잘못도 아닙니다. 실망과 좌절은 오히려 실행하지 않았을 때 더 커지는 법입니다.

내성적인 극 I 성향의 제가 어떻게 이런 대담한 용기를 가지게 됐는지 생각해 보면, 갓 수능이 끝난 후 피자 배달 아르바이트할 때가 떠오릅니다. 오토바이 운전에 따른 위험수당이 더해진 피자 배달은 시급도 센 편인데 배울 것도 많았습니다. 인사 교육 시스템부터 고객 응대 메뉴얼까지 대기업 프랜차이즈의 노하우를 직접 경험할 기회였습니다. 배달지에 도착하면 벨을 누르고 헬멧을 벗고 얼굴을 확인시킨 다음에 이렇게 말합니다.

"안녕하세요. 피자헛 홈서버 김한균입니다. 주문하신 피자가 수퍼슈프림 리치골드 라지 맞을까요?"

별것 아닌 것 같은 이 멘트가 처음 타인에게 저를 소개하고 낯가림을 상쇄시켜준 계기가 되었습니다. 사실 대부분의 배달원이 이 말을 꺼내기 부끄러워 대충 현관 앞에 피자만 놓고 도망치듯 나왔거든요. 하지만 첫인사말이 피자헛의 브랜드 이미지를 각인하는 데 중요한 역할을 할 것이라 생각했습니다. 더불어 사소한 임무라도 대충 넘기지 않고 원칙에 맞게 완벽하게 해내는 것부터가 앞으로 하는 모든 일의 태도를 만드는 기반이 된다고 생각했어요. 결국 모든 경험의 점들은 나라는 세계를 이루는 선으로 연결됩니다.

물론, 저도 처음에는 입이 잘 떨어지지 않았어요. 심지어 배달 갔는데 아는 친구 집이고, 가족과 단란한 시간을 보내고 있을 때는 24시간이 모자라게 일해야만 하는 저에 대한 자괴감, 열등감이 올라올 때도 있었어요. 하지만 이겨내지 못했더라면 배우지도 못했겠죠. 지금 할 수 있는 일에서 배울 점을 찾아 온전히 흡수하는 태도를 가지면 세상 모든 일이 기회가 됩니다. 나를 넘어서는 용기는 사실 사소한 경험에서부터 시작되어 조금씩 길러지는 것입니다.

더불어 수많은 사람, 기업, 팀과 함께 일하며 깨달은 것이 있습니다. 내가 먼저 강점을 갖추고 그들에게 필요한 사람이 되면, 홍보와 영업은 저절로 된다는 것입니다. 상대가 필요한 무기를 다듬어 기꺼이 내줄 수 있을 때, 협상은 걸림돌이 없고 협업은 매끄러워집니다. 굳이 사정하지 않고도 좋은 파트너는 저절로 따라오게 됩니다. 이때 서로 존중하면서 함께 가면 됩니다. 함께 이익을 도모하면서 함께 성장할 수 있습니다.

한창 오프라인 매장에서 영업할 당시에도 제품력을 인정받는 게 먼저라고 생각했습니다. 무작정 여기서 팔고 싶다고 사정하는 것보다 에코서트 인증받은 유기농 성분, 온라인에서 퍼진 입소문에 대해 잘 전달하려고 노력했습니다. 그렇게 "젊은 친구가 참 열심이네" "그래, 한번 해봅시다" 하고 수락한 점장들이 늘었습니다. 물론 끝까지 설득되지 않은 경우도 많았어요. 결과적으로 맘스맘, 베이비플러스, 이든베베 등 전국 약 500곳의 베이비 용품 전문 매장 중 약 80군데에 파파레서피 화장품이 입점하게 되었습니다.

오프라인 매장 영업을 하며 얻은 소득은 이뿐만이 아닙니다. 전국 여러 매장을 돌며 피부에 와닿은 사실 중 하나가 중국 시장의 성장입니다. 저는 현장에서 보고 듣고 익히는 감을 매우 중요하게 생각하는데요. 관심 있게 본 데이터들이 모여 어떤 규칙이 되는 것을 감지하고 그에 따른 가설을 세운 후 정보 확인의 단계를 거쳐 확신을 가지고 실행하게 됩니다.

예를 들면, 명동·강남 등에 중국인 관광객의 수가 일정 비율 이상으로 많아지고, 이들이 한류 열풍에 힘입어 한국 화장품 쇼핑을 즐겨 하며, 심지어 얼마 이상의 금액을 화장품에 쓴다면, 중국 현지에서 중국인을 위한 한국 화장품도 승산이 있을 것이라는 가설을 세울 수 있습니다. 이 가설을 검증하기 위해 중국인 중심의 뷰티 박람회에 가보고, 중국 현지로 날아가 시장 조사를 할 수도 있습니다. 저는 이런 과정을 거쳐 중국 시장에 맞는 제품을 개발해야겠다는 확신을 가지게 되었습니다.

중국 시장을 준비하면서 B2B(기업 대 기업 사이의 거래)

대량 납품에 대한 필요를 느끼기도 했습니다. 월 매출 5억 원이 넘어섰는데 순이익의 비중이 그다지 높지 않았습니다. 좋은 재료를 쓰다 보니 생산 원가가 높은 데다가 그 사이 채용한 직원에 대한 인건비 등의 비용도 함께 올라갔거든요. 매출이 오른 이 시기에 역설적으로 불안 요소가 더 많아졌고 그에 따른 대비가 필요했습니다. 이런 이유로 저는 현장을 직접 발로 뛰며 차근차근 중국 시장을 준비했습니다.

타깃

봄비 마스크팩
대박의 비밀

"마스크팩을 만들어보는 건 어때요?"

제 모든 촉이 중국 시장을 향해 있을 때였습니다. 중국 박람회장에 수시로 갔고 중국 도매상을 찾아다녔습니다. 중국 유학생을 채용해 함께 중국 시장을 공부하고 분석하기도 했습니다. 그러다 중국의 한 유통사와 미팅하게 되었습니다. 브랜드에 대해 매우 호감이 있으니 중국에서 시장성이 좋은 마스크팩을 만들어달라는 겁니다. 중국인들이 화장품 쇼핑할 때 대량 구매하는 품목 중 하나가 마스크팩이었습니다. 그중 '메이드 인 코리

아' 제품에 대한 선호도가 무척 높았고요. 저는 이 제안
이 기회가 될 것을 직감했습니다.

이렇게 개발하기 시작한 제품이 바로 '봄비' 마스크팩
입니다. 중국에서 엄청난 판매고를 기록한, 파파레서피
의 바로 그 효자 상품입니다. 당시 중국에서 팔리고 있
던 마스크팩은 일제히 병원이나 링거 모양의 패키지 디
자인을 하고 있었습니다. 하나같이 비슷한 콘셉트라 어
느 한 제품의 차별점이 딱히 도드라지지 않았습니다. 우
리는 완전히 다른 전략을 택했습니다.

우선 중국의 문화, 취향, 트렌드뿐 아니라 날씨까지
반영해 이름을 '봄비'라고 지었습니다. 한자로는 '春雨',
중국어 발음으로 '춘위'라고 불렀습니다. 황사가 심한
중국에서는 봄비가 더할 나위 없이 귀하고 고마운 존재
입니다. 뿌연 먼지를 시원하게 씻어내리며 청명한 공기
를 선물해 줍니다. 중국인들에게 이 제품명이 유독 깨끗
하고 순수한 이미지로 다가서는 이유입니다. 영어로는

'Bom bee'라고 표기해 자연에서 얻은 벌bee꿀honey을 주재료로 합니다. 그래서 영문 풀 네임이 'Bom bee Honey Mask'가 되었습니다. 보습력 좋은 천연 재료인 벌꿀 에센스가 듬뿍 담겨 있으며, 여기에 더해 시트 밀착력을 훌륭하게 개선한 제품입니다. 당시 마스크팩이 두꺼운 시트를 써서 잘 붙지 않고 갑갑한 느낌이 있었는데, 얇은 시트로 이를 현저히 보완한 것입니다. 패키지 디자인 역시 중국에서 유통되는 기존의 제품과는 완전히 다르게 자연주의, 산뜻함, 귀여움, 노란색 등의 키워드를 가지고 친근하게 풀어냈습니다.

이렇게 중국 시장을 세심하게 분석해 완성도 있는 제품을 만들었으니, 수출까지 한 방에 술술 풀렸겠지요? 그럴 리가요. 유통사가 첫 수출 물량으로 봄비 마스크팩 5억 원어치를 주문할 때까지만 해도 문제없이 풀려나가는 듯했습니다. 그토록 원하던 중국 시장에 진출한다는 기쁨도 잠시, 불길한 예감이 엄습했습니다. 창업 초창기에 팔릴 줄 알고 만들었지만, 결국 많은 재고를 안게 된 악몽이 떠올랐습니다. 우리 규모에 너무 큰 금액인 5억 원어치 마스크팩을 한 번에 다 만들기엔 매우 큰 부담이었던 게 사실입니다.

우선, 수주한 금액보다 극히 적은 수량의 마스크팩을 만들기로 했습니다. 5억 원의 10분의 1도 안 되는 약 3,000만 원어치만요. 문제는 이 정도의 소량 생산은 제조사에서 인건비도 확보하기 어렵다는 건데요. 이때 제 열정을 보고 기회를 주신 분이 씨엔에프 창업자 추봉세 회장님입니다. 중앙대 의약식품대학원에서 향장품·향장산업을 전공할 때, 회장님의 딸 추예원 대표와 동기로 맺은 인연 덕분이었습니다. 곤란한 요청에도 훌륭한 품질로 기꺼이 만들어주신 게 지금도 감사한 마음입니다.

그런데 제품을 만들고 난 후에 아니나 다를까, 유통사에서 못 가져가겠다는 뻔뻔한 태도로 일관하는 겁니다. 그러고는 먼지처럼 사라져버렸습니다. 그나마 약속했던 수량보다 적게 만든 게 천만다행이었지만, 그래도 이 마스크팩을 어떻게 팔아야 할지 막막했습니다. 당시엔 중국 판매처에 어떻게 접근해야 하는지도 몰랐습니다.

저는 그냥 중국 현지로 날아갔어요. 중국인 고객을 직접 대면해 팔아보기로 했습니다. 지금 당장 할 수 있는 게 그것뿐이었어요. 무모할지언정 베이징 천안문 광장에서 노란 꿀벌 옷을 입고 직접 홍보에 나섰습니다. 온종일 땀을 뻘뻘 흘리며 전단지를 돌렸지만, 거대한 중국 땅에서 저의 노력은 너무도 하찮을 뿐이었어요.

이때의 뼈아픈 실책이 저에게 큰 교훈을 주었습니다. 무언가를 시작할 때 한 번에 잘되리라고 생각조차 말자는 것입니다. 모든 일은 계획대로 딱딱 맞춰서 흘러가지

않고, 계약서마저 휴지 조각이 될 수 있다는 사실까지도요. 그 덕분에 저는 유보 자금을 무리하게 끌어 써야 하는 B2B 계약에 신중하게 되었습니다. 다음에 만난 중국 유통사에서 무려 50억 원을 계약하자고 회사를 찾아왔을 때, 더 안전하고 유리한 입장에서 수출할 수 있는 초석을 만들었달까요. 모든 경험은 자산이 됩니다.

사람들은 남들보다 먼저 '성공의 법칙'을 알고 싶어 합니다. 실패나 실수 없이 단숨에 원하는 목표에 올라서기 위해서죠. 그래서 빠른 성공을 가져다주는 법칙이나 공식에 현혹되곤 하는데요. 제 생각은 좀 다릅니다. 성공의 법칙은 여러 외부 요인에 따라 크게 움직입니다. 아무리 잘 정리된 법칙이 있고 기막힌 공식이 도출되었다 해도 변수가 너무 많습니다. 정치, 경제, 환경, 재해, 수출 규제 등 외부 요인을 절대로 나란 사람이 혼자 컨트롤할 수 없거든요. 이미 성공을 이룬 수많은 사업가들이 과거의 조건 그대로 다시 시작한다고 해도, 절대로 같은 결과를 낼 수 없는 이유입니다. 한두 가지 변수만 넣어도 법칙은 흐트러지고 공식은 의미 없는 게 됩니다.

그래서 저는 '실패의 법칙'을 먼저 도출하는 편입니다. 어떤 일을 시도할 때 성공할 확률보다 실패할 확률이 훨씬 큰 게 당연합니다. 누구든 높은 확률로 실패를 더 빨리 접하게 되는데요. 이 사실을 먼저 인지하고 '난 한 번에 잘될 거야' 하는 생각을 버리는 게 유리합니다. 이런저런 시행착오를 겪으며 실패의 법칙을 나름 정리한 후, 그것을 잘 피해서 꾸준히 시도하는 게 오히려 효율적입니다. 그다음부터는 얼마나 여러 번 실행했는지 횟수의 문제일 뿐입니다.

이제는 아예 '실패 먼저 경험하라' '더 빠르게 실패하라'고 조언합니다. 성공과 실패의 순서만 바꾸었을 뿐인데, 여러 조건이 더 유리하게 흘러갈 수 있습니다. 남들이 성공 먼저 잡으려고 허공에 대고 헛스윙할 때 실패를 예측하고 변화구의 각도를 유심히 관찰하는 겁니다. 그럼, 다음 기회가 왔을 때 그 공은 더 빠르게 실패한 사람이 먼저 잡게 됩니다. 차례나 순서를 뒤바꾸는 것을 '도치'라고 합니다. 실패를 먼저 해도 좋다는 마음가짐은, 앞서 말한 맷집을 키우는 것과 마찬가지로 의연한 태도를 갖게 합니다. 더 냉철한 시선과 여유로운 자세로 원하는 목표를 향해 뚜벅뚜벅 나아갈 수 있게 도와줍니다.

기회   # 첫 수출
50억 원의 기적

    당시 중국 유학생들의 아르바이트 중 하나가 우리나라 화장품을 구매해 중국으로 판매하는 것이었습니다. 보통 그 거래에서 중국 유통사가 벤더 역할을 했는데, 회사에 채용된 중국 유학생이 그중에 한 곳을 연결해 주었어요. 그렇게 중국 유통사의 공동대표와 마주하게 되었습니다. 그들은 첫 미팅 때부터 통 큰 계약을 요청했습니다.

    "마스크팩 50억 원어치를 만들어주세요. 바로 계약합시다!"

5억도 아니고, 10억도 아니고, 50억이라니! 유통사에서는 봄비 마스크팩에 대한 소문을 익히 들은바, 중국 시장에서 통할 제품이라는 것을 우리보다 더 자신했습니다. 금액을 듣고 욕심도 났지만, 곧바로 정신을 차린 것이 과거의 실책 때문이었어요. '5억 원짜리 계약도 물거품이 되었는데, 50억 원짜리 수출 계약을 어떻게 믿지?' 사실 이건 괜한 우려가 아니었습니다. 자칫 잘못됐을 때 회사의 유보 자금 모두를 날리고도 남을 엄청난 금액이었습니다. 당시의 관행과는 달랐지만 저는 묘수를 던졌습니다.

　"이렇게 하면 어떨까요? 너무 큰 금액이고 너무 많은 수량이니 나누어서 제작합시다. 그리고 입금 먼저 해주세요. 그래야 제품을 만들 수 있어요."

　서로에게 합리적 조건으로 협의한 끝에 5억 원어치씩 두 차례 납품하고, 10억 원어치씩 네 차례 납품해서 총

50억 원의 수주액을 맞췄습니다. 당시 저의 호기로운 협상안에 중국 유통사는 흠칫 놀랐다고, 두고두고 과거의 추억을 소환하곤 했습니다. 당시에 저는 그들에게 필요한 사람이었고, 경쟁력 있는 상품을 가지고 있었어요. 덕분에 우리에게 유리한 조건으로 계약서를 수정할 수 있었고, 이후에도 '무차입 경영'은 코스토리의 원칙이 되었습니다.

한국에서 생산한 노란 꿀단지 마스크팩이 중국 전역에 깔리기 시작했습니다. '과연 중국인들에게 어떤 반응을 얻을까?' '어떤 경로로 유통되어 어떻게 팔리게 될까?' 설렘과 기대가 저를 움직이게 했습니다. 거대한 대륙, 거대한 시장에 대한 호기심 때문에 수없이 중국 현지로 날아갔습니다.

일정 비율의 선입금을 받고 제품을 생산한 방식 덕에 파파레서피는 안정적으로 성장할 수 있었습니다. 첫 수출부터 50억 원이라는 기적의 금액을 찍었는데, 이후에 연 매출 100억 원이 되고 1,000억 원이 되고 2,000억 원이 될 줄은 미처 몰랐습니다. 이후 봄비 마스크팩 단일 상품의 누적 판매량은 22억 장, 총매출액은 무려 6,000억 원을 기록하기에 이릅니다.

누가 봐도 운이 따랐습니다. 기회가 왔고 운 좋게 잡았습니다. 하지만 운을 잡기까지 집요한 노력이 있었습니다. 중국 시장을 준비했고 중국 시장에 맞는 상품을 개발했습니다. 또 매출 파이를 키우는 B2B 대량 납품이라는 방향을 설정했습니다. 이 과정을 모르는 사람들은 '그저 운이 좋았지'라고 쉽게 말할 수 있습니다. 목표까지 가는 과정은 쉽게 뭉뚱그려지기 때문입니다.

실행하는 횟수가 확률을 높인다는 말은 여러 번 했는데요. 여기서 중요한 수식을 떠올려 보길 권합니다. 방향 설정을 하지 않거나 엉뚱한 방향을 설정하면, 아무리 시도가 반복되어도 확률이 높아지지 않습니다. 잘못된 방향은 '0'과 같습니다. 방향 설정을 얼마나 정확히 하느냐에 따라 비로소 '1'이라는 숫자가 발생해 점차 커집니다. 여기에 실행의 횟수만큼 곱할 수 있습니다. 아무리 반복해도 '0'의 확률에 수렴한다면, 방향 설정을 새로 해야 합니다. 방향 설정이 제대로 되었다면, 계속 횟수가 곱해지면서 확률이 높아집니다.

지금 당장 일이 되고, 안 되고는 중요하지 않다고 생각합니다. 일이야 안 될 수 있죠. 하지만 실행하거나, 실행 안 하거나의 차이는 매우 큽니다. 곱셈식의 한 변이 아예 빠져버리는 일이니까요. 일이 안 되고 있을 때 주저할 것이 아니라 그냥 무던하게 하루하루 실행 횟수를 늘려야 하는 이유입니다. 될 때까지 반복하면 수식의 답은 어느 순간 엄청난 숫자로 커져 있을 겁니다.

만약 너무 지쳐서 포기하고 싶다면, 에너지를 잘 분배하라고 조언하고 싶습니다. '시도는 60%, 실행은 90%, 집중은 150%'로 하길 권합니다. '시도 – 실행 – 집중'이라는 중요한 세 가지 과정에 에너지 차등을 두는 것만으로 꾸준히 해볼 힘을 축적할 수 있습니다.

이렇게도 한번 예를 들어볼게요. 저에게 만약 1억 원이 주어진다면 1,000만 원짜리 비즈니스 5개를 조금 가벼운 마음으로 '시도'하겠습니다. 그다음에 각각을 '실행'하며 얻은 경험을 토대로 신중하게 가능성을 살핍니다. 그중 가장 가능성이 큰 하나에 나머지 5,000만 원을 '집중' 투자하겠습니다. '시도 – 실행 – 집중'의 과정을 잘 설명해 줄 예가 되었다면 좋겠습니다.

속도　　　옳은 선택보다
　　　　　빠른 선택

　　무작정 성공을 잡으려 애쓰기보다는 '실패의 법칙'을
우선 정립해 보는 게 도움이 된다고 했는데요. 오해하지
말아야 할 게 있습니다. 이 말은 실패에 머물라는 뜻이
절대 아닙니다. 결국 해내기 위해서 실패를 하나의 과정
으로 인식하자는 뜻입니다. 무언가를 시도한다는 것 자
체로 실행 횟수는 늘어갑니다.

　　그렇다면 실행 횟수를 늘리는 확실한 방법은 없을까
요? 있습니다. 빠르게 선택하는 겁니다. 제가 작은 성공
을 쌓아가며 큰 기회를 잡을 수 있었던 것은 매 순간 옳
은 선택을 해서가 아닙니다. 제게는 매번 옳은 선택을

할 능력 같은 건 없습니다. 그저 빠르게 선택한 후에 실행한 것뿐입니다. 속도가 빨라지면 횟수를 더 촘촘하게 늘릴 수 있습니다.

사람은 하루 평균 70번의 선택을 한다고 합니다. 일주일에 약 500번, 한 달에 약 2,000번의 선택을 하는 셈입니다. 아주 중요한 선택은 물론이고, 미처 인식하지 못하는 선택까지 쉴 새 없이 하게 되는데요. 아마도 무언가 큰일을 시도하거나 새로운 길을 개척해 나가고 있다면 더 많은 선택을, 더 자주 하게 될 것입니다.

특히 위험 부담이 큰 선택을 할 때는 어느 쪽이 맞을지 고심하게 됩니다. 어떤 선택이 손해를 최소화할지, 어떤 선택이 효율을 극대화할지, 어떤 선택이 실패 확률을 줄일지, 촉을 세우고 옳은 것을 선택하고자 노력합니다. 신중하게 고려하고 따져보는 것도 어쩌면 필요한 과정이겠지요. 하지만 매번 실패하지 않는 선택을 하려는 노력이 발목을 잡을 때가 있습니다. 완벽한 선택을 하려

다가 시도조차 하지 못하고 기회를 놓칠 때도 있고요. 제가 '옳은 선택'보다 '빠른 선택'에 좀 더 무게를 두는 이유입니다.

　법적, 도덕적으로 옳고 그름은 당연히 확실하게 점검해 보아야 합니다. 하지만 그 외의 수많은 선택을 온전히 내 기준으로 옳다고 정의 내리기는 매우 어려워요. 나에게 옳다고 모두에게 옳은 게 아니거든요. 또 당시에 옳아도 시간이 지나서 아닐 수 있고요. 현재의 조직에서 옳은 게 이후의 변화된 조직에서 옳지 않을 수 있습니다. 그래서 이게 맞을까? 저게 맞을까? 내가 옳을까? 네가 옳을까? 이런 문제로 너무 많은 시간을 할애하지 않으려고 합니다. 정답이 없는 선택의 기로에서 너무 많은 시간을 허비하는 게 결과적으로 손해라는 것을 깨달았거든요.

　반면, 빠르게 선택하면 시장에 던져볼 기회를 먼저 얻게 됩니다. 성공하면 목적을 달성하고 실패하면 배우게 됩니다. 그래서 중요한 선택일수록 깊이 빠져 고민에 매몰되지 않으려 의식적으로 노력합니다. 빠르게 선택하면, 수정도 빠릅니다. 수정이 빠를수록, 더 좋은 여건에서 다시 기회를 얻게 됩니다. 결과를 예측하기 힘든 수많은 선택을 빠르게 하기만 해도, 기회가 더 주어지고 목표에 다가서기 쉬워집니다.

중국 시장에서 기회를 얻게 된 것도 빠른 선택의 합이었다고 생각합니다. 중국에서 마스크팩 연 매출이 50억 원에서 2,000억 원까지 튀어 오르는 데는 불과 3년이 채 걸리지 않았습니다. 어떻게 이렇게 말도 안 되는 성과를 낼 수 있었는지 많이들 묻습니다. 사실은 이 질문에 제가 뭐라고 한마디로 답하긴 어렵습니다. 성공에는 딱 한 가지 이유만 존재하진 않으니까요. 하지만 결정적 역할을 해준 한 가지를 꼽을 수 있습니다. 바로 '중국위생허가'를 미리 받아놓은 겁니다.

중국위생허가는 화장품, 식품, 위생용품 등을 중국으

로 수출하기 위해 획득해야 하는 필수 인증인데요. 중국 정부가 품질과 안전성을 검토하고 심사하는 과정이 까다롭고, 무엇보다 6개월에서 1년까지 시간이 소요되기도 합니다. 한류 열풍이 불어 중국 시장이 한창 활황일 때, 아이러니하게도 국내의 사드 배치로 중국 정부의 반발이 거셌습니다. 이 때문에 한국 기업에 대한 중국위생허가가 막히다시피 한 시기가 있었습니다. 새로 허가는 내주지 않고, 허가받지 않은 상품은 수입하지 않는 상황이 되어버린 겁니다.

하지만 이러한 위기가 오히려 우리에게는 기회가 되었습니다. 당시 중국 시장에서 판매하는 한국 화장품들은 허가받지 않은 상품이 상당수 혼재돼 있었는데요. 파파레서피는 중국 시장을 준비하며 위생허가를 미리 받아놓았습니다. 덕분에 봄비 마스크팩은 날개를 달 수 있었어요. 다른 기업이 허가를 못 받고 수출길이 막혀 발을 동동거릴 때 우리 제품은 중국 전역에 유통되며 무한히 판매를 확장해 나갈 수 있었습니다.

운이 크게 작용했지만, 발 빠르게 준비해 두었기에 기회가 왔습니다. 중국 시장을 준비하며 그 어떤 선택 앞에서도 미적거리거나 망설이지 않았습니다. 여러 가능성을 염두에 두고, 할 수 있는 한 최대한 빠르게 선택하고 실행했습니다. 속도가 횟수를 늘립니다. 중국 시장에 유통된 후에 잘 팔리는 상품이 되기까지는 여러 단계의 연결 고리가 필요하겠죠. 콘셉트도 통해야 하고, 입소문도 필요하고, 제품력도 중요할 겁니다. 하지만 위생허가를 미리 해결하지 않았다면, 이 기회 자체를 얻을 수 없었을 겁니다.

사실 실패는 아무 일도 아닙니다. 실행 횟수를 늘리는 경험입니다. 가장 무서운 것은 아무것도 하지 않는 것입니다. 각자가 정립한 실패의 법칙이야 경우에 따라 다를 수 있겠지요. 하지만 모든 경우와 모든 상품을 아우르는 '실패의 법칙'을 저는 이렇게 정리합니다. 첫째, 망설이다가 해보지 않는 겁니다. 둘째, 모르면서 배우려 하지 않는 겁니다. 셋째, 의심하지 않고 기존의 방식만 고수하는 겁니다. 이 세 가지는 반드시 실패할 수밖에 없습니다. 아무것도 하지 않는 것은 한 걸음도 나아갈 수 없게 만듭니다.

하지 않으면, 어떤 기회도 내게 오지 않습니다. 실패하지 않기 위해 시도하지 않는 것은, 모든 가능성을 제로로 만드는 일입니다. 무엇이 나에게 기회를 가져다줄지 예측할 수 없습니다. 그렇기에 더 많은 선택을 빠르게 하고, 더 많이 경험하는 게 중요합니다. 끊임없이 배우려 하고, 수시로 방향을 조정해 나가려고 노력해야 합니다. 능력의 차이보다 횟수의 차이가 훨씬 크다는 것만은 확실히 믿어도 좋습니다.

3장

성취

현실　　　　성공을 감당할
　　　　　　그릇

아마도 이렇게 말하는 사람은 없을 겁니다.

"계획대로 실패했다!"

그런데 놀랍게도, 성공의 경우에도 마찬가지입니다. 계획대로 실패할 수 없듯이 계획만큼 성공하기도 어렵습니다. 앞에서 말한 것처럼 실패나 성공은 어떤 지점이 아니라 흐름에 가까운 것이라서요. 굴곡 없이 잔잔하게 흘러갈 때도 있고, 거친 파도를 만나 격랑 속에 놓이기도 하지만, 그 흐름을 일일이 통제할 수 없습니다. 잘되는 방향으로 흐름을 주도하기 위해 노력할 뿐입니다. 그래서 준비하고 노력하되 계획에 너무 얽매이지 않기 위해 애를 씁니다.

중국 시장에서의 이토록 큰 성공은 사실 계획에 없던 일입니다. 물론 기뻤습니다. 30년 넘게 열정을 쏟아온 데 따른 보상을 한꺼번에 받는구나 싶었습니다. 하지만 벅찬 성취감은 잠시였습니다. 곧 불안과 긴장이 파도처럼 덮쳐왔습니다. 아마도 계획 이상의 성취를 이룬 것이 그 이유일 겁니다.

파파레서피라는 이름을 알리기 시작할 때 원주와 서울을 오간 것처럼 한국과 중국을 수도 없이 오가게 되었습니다. 상하이 메인 로드에는 왓슨스, 세포라, 샤샤, 가디언, 컬러믹스 등 소매 매장과 드러그스토어가 빼곡했는데요. 어김없이 우리 제품이 진열돼 있었습니다. 멀리서도 노란 꿀단지 패키지의 봄비 마스크팩은 눈에 띄었습니다. 콩나물시루 같은 교실에서도 내 자식 얼굴은 빛

나듯, 멀찍이서 봐도 봄비 마스크팩은 '우리 거다' 하고 먼저 눈에 들어왔습니다. 홍콩에서도 마찬가지였어요. 그야말로 불티나게 팔리는 덕에 봄비 마스크팩 박스가 로드숍 입구에 탑처럼 쌓여 있었습니다. 분주하게 박스를 뜯어 제품을 진열대로 옮기는 모습도 보였어요. 중국 곳곳에서 봄비 마스크팩의 노란 물결이 일렁이는 것 같았습니다.

실적만 따지면 마냥 기뻐해도 되겠지만, 아무리 잠재우려고 해도 자꾸 불안이라는 감정이 올라왔습니다. 물론 준비하고 행동하고 노력해 얻은 기회였지만, 그 이상으로 너무 큰 운이 따른 것도 사실이니까요.

당시에 저는 중국어도 부족했고, 중국 시장도 더 배워야 했고, 한참 더 해야 할 게 남았다고 생각했습니다. 잠깐 출장 가는 것으로는 해결되지 않는 일이 너무 많았어요. 고백하건대, 따라잡기 버거운 성공도 있다는 것을 인정해야 했습니다.

저는 불안을 인지할 때 곧바로 행동하는 편입니다. 불안이 눈을 가리면 컴컴한 현실이 두려워 안주하게 되거든요. 가족을 설득해 중국 상하이로 이주할 짐을 꾸렸습니다. 직접 현장으로 뛰어들 때라고 판단했어요. 불어나는 매출을 감당해 내기 위해 숨을 헐떡일지언정 최선을 다해 달려보기로 한 겁니다. 중국으로 떠나기 전 그간 한국에서 꾸려온 조직을 정비하는 한편, 서울에 사옥을 매입하기로 했습니다.

원주의 한 대학교 창업보육센터 사무실 한 칸에서 시

작했던 1인 기업은 어느새 큰 공간이 필요할 만큼 몸집이 불어나 있었습니다. 직원이 늘고 조직이 커지면서 옆 사무실을 붙여 총 두 칸을 쓰기도 했지만, 그마저도 부족해 인근의 상가 건물을 매입했습니다. 원주 직원들의 기숙사와 물류 창고 역할을 어느 정도 해결했지만, 충분하지는 않았습니다. 무엇보다 원주와 서울을 오가는 미팅 횟수가 잦았고, 더 많은 인재를 영입하기 위해 서울 진출이 필요한 시기였습니다.

교통이 좋고 인프라가 잘 갖춰진 강남역 인근을 쉴 새 없이 돌았습니다. 조건에 맞는 건물을 찾다가 인근 빌딩보다 높게 지어진 신축 건물을 소개받았습니다. 15층 탑층에 올라서자 강남 너머 잠실 롯데타워까지 훤히 보였습니다. 멀리까지 한눈에 들어오는 조망이 '더 멀리 비상하라'는 뜻인가 하는 의미 부여가 저절로 되더군요. 강남 신축 건물을 현금으로 덥석 매입해 버렸더니 건축주와 부동산에서 놀랐나 봅니다. "대체 뭐 하는 사람인지 찾아봤다"는 말씀을 나중에 농담처럼 하시더라고요.

건물을 매입하던 날, 1층부터 15층까지 계단을 몇 번이나 오갔는지 모릅니다. 30년 넘게 집 없는 설움이 항상 따라다녔는데 직원들만큼은 안정적인 공간에서 일할 수 있게 되었으니까요. 이 건물은 에이비티아시아로 사명이 변경된 지금까지도 사옥으로 사용하고 있습니다. 원주에서는 물류, 창고, CS 등의 업무가, 서울에서는 디자인, 마케팅, 영업, 연구 개발 등의 업무가 이뤄지고 있는데요. 특히 서울 사옥은 앞으로 '뷰티 타워'로 만들어가겠다는 포부가 있습니다. 건물 한 채를 화장품뿐 아니라 뷰티, 웰니스와 관련한 콘텐츠로 채우겠다는 꿈을 차근차근 실현해 나가는 중입니다.

감히 성공을 감당할 그릇을 채워나가기 위해 노력했던 시기인데요. 성공하기만 하면 모든 것이 해결될 것 같지만 현실은 그렇지 않습니다. 피나는 노력 끝에 얻은 성취가 오히려 독이 되는 경우가 있습니다. 많은 이들이 실패에 무너지기도 하지만, 성공에 허덕이기도 합니다.

어떤 일이 계획 이상으로 잘되었을 때, 감당 가능한 선이 될 때까지 끈질긴 노력이 따라야 합니다. 중국에서의 1년을 저는 그렇게 보냈습니다. 일명 '호랑이를 잡을 때까지' 옆도 뒤도 보지 않고 후회 없이 달렸습니다.

진정한 성취를 이루려면 눈앞의 성과에 취하는 것을 경계하고, 성취 후에 오는 것들을 잘 관리해야 합니다. 한 번의 성취로 모든 일이 끝나거나 멈추지 않으니까요. 성취 후에 더 큰 성과가 날 수도 있고, 다시 쓰디쓴 실패가 기다릴 수도 있습니다. 성취감도 잠깐이고 좌절감도 지나갑니다. 일의 연속성을 관망하면서 이제껏 쌓아온 노력을 변함없이 쏟을 수 있을 때 진정 원하는 목표에 가까이 다가갈 수 있습니다.

전환   # 불안을 동력으로
쓰기까지

   어릴 적의 열등감이 열정이 된 것처럼, 성취가 가져온 불안은 동력이 되었습니다. 불안이 없었다면 아이 셋과 아내를 설득해 낯선 중국 땅으로 이주하지 못했을 겁니다. 중국에서 조직을 구성하는 일은 맨땅에 헤딩하는 것이나 다름없었습니다. 중국어를 배우고, 사무실을 구하고, 인재를 채용해, 조직을 세팅하는 이 모든 과정을 이끌어갈 수 있게 해준 힘은 아이러니하게도 제 안에 깔린 불안이 큰 역할을 했습니다. 걱정과 두려움이 지금 당장 움직여야 할 이유와 명분을 제공한 셈입니다. 저를 끈질기게 물고 늘어진 질문이 하나 있습니다.

"다시 또 이만큼의 성공을 만들 수 있을까?"

중국 시장에서의 성공은 실력보다 운이 컸다고 자평했던 것 같습니다. 좋은 파트너사를 만난 덕에 기회를 얻었지만, 역으로 중국 유통에 대해 너무 모르는 건 아닌가 하는 의문도 불안 요소였어요. 우리 제품이 어느 물류 창고에 어떻게 보관돼 있고, 어느 경로로 유통되며, 어떤 MD가 우리 물건을 관리하고 있는지 한국에서는 알 수 없었습니다. 만약 제가 혼자 중국 땅에 떨어져 다시 시작한다면, 어떤 것부터 얼마만큼 할 수 있는지 시험해 보고 싶었습니다.

중국 상하이에 사무실을 구했습니다. 창 너머로 황푸강과 동방명주 풍경이 시원하게 펼쳐진 빌딩이었습니다. 한국인 2명, 중국인 5명의 직원을 채용했습니다. 큰 조직은 아닌 터라 운영이나 관리가 어려운 건 아니었는데, 중국어가 능통하지 않아서 세심한 업무 지시가 어려웠어요. 출근 전에 어학당에서 중국어를 공부했고, 홍보 팀을 꾸려 중국판 틱톡인 더우인에 콘텐츠를 올리기 시작했습니다. 주제는 '상하이 외국인 노동자'였어요. 중국에서 창업하고 성장해 나가는 좌충우돌의 과정을 생생한 에피소드로 담았습니다. 무작정 알리바바에 찾아가서 "창업자 마윈 어딨지?" 하는 영상은 1,000만 뷰가 넘을 만큼 인기를 끌었습니다. 이 밖에 상하이 미용 박람회, 상하이 징안구 쇼핑기, 이 남자가 파는 법 등 화장품 홍보와 연결 고리가 있는 콘텐츠를 꾸준히 생산했습니다.

그간 만난 적 없고 만날 수 없었던 현지 담당자와의 미팅이 쉴 틈 없이 이어졌습니다. 알리바바, 왓슨스, 샤샤 등의 담당자와 직접 만나 관계를 맺으니 일의 속도가 빨라지고 신뢰가 쌓였습니다. 그들은 한국 오너가 이렇게 직접 대면 미팅한다는 사실에 감동했습니다. 중국에는 '관시关系' 문화라는 게 있는데요. 직역하면 '관계'라는 뜻입니다. 우리로 치면 '인맥'이나 '연줄'과도 비슷한데, 덕분에 관계를 맺으면 일이 수월하게 풀리는 경우가 많

습니다. 저 역시 현지에서 만난 사람들과 관계를 맺으며 여러 도움을 받았고 현지 문화와 비즈니스를 배울 수 있었습니다.

"중국에 30년 넘게 있으면서 회사 창업자가 현지 파견직으로 온 경우는 처음 봅니다."

코스맥스 차이나를 포함해 코스맥스 아시아의 총괄 책임자인 최경 부회장님이 저에게 이렇게 말씀하셨습니다. 사서 고생하러 중국에 왔다고요. 맞습니다. 작정하고 온 거라 진짜 후회 없이 다 쏟아냈어요. 저에겐 세상 쉬운 일이 '최선'을 다하는 겁니다. 그건 그냥 하면 되는 거니까요. 진짜 어려운 건 '최고'와 '최초'가 되는 겁니다. 여전히 이 두 가지를 정복하는 쾌감은 짜릿하지만, 어렵습니다.

'그냥 한다-반복한다-보완한다'의 과정은 중국 현지에서도 통했습니다. 언어도, 마케팅도, 물류도, 영업도 이 세 단계를 거치며 성장해 나갔습니다. 차츰 중국어가 편해지고 문화를 이해하자 관계도 따라왔습니다. 온·오프라인 가리지 않고 열심히 뛰었고, 어느새 더우인 30만 팔로워가 넘을 만큼 영향력이 생겼습니다. 상하이 거리에서 마주친 사람들이 저를 '춘위빠빠(봄비아빠)'라고 부르며 알아봐 주었습니다. 중국 땅에 회사를 차린 외국인 노동자를 따뜻한 시선으로 응원해 주었습니다. 상하이 지하철에 파파레서피 브랜드 광고를 걸기도 했습니다. 중국 현지의 홍보, 물류, 마케팅, 문화 등에 대해 이해하며 브랜드 현지화를 배우는 시간이었습니다. 출장으로 오갈 때는 안 보이던 것들이 중국 현지에 살면서 선명하게 보이기 시작했습니다. 이때의 경험은 중국을 넘어 아시아, 미주 등으로 진출을 준비하는 데도 큰 도움을 주었습니다.

커져버린 매출을 중국 현지에서 온전히 감당하면서 느낀 것은 바로 이것입니다. 성취감이 반드시 좋은 것만이 아니고, 불안감이 언제나 나쁜 것만은 아니라고요. 그래서 둘 사이의 줄타기를 잘하는 게 중요합니다. 불안에 압도되면 '과거'는 후회스럽고 '현재'에 집중할 수 없는데 '미래'는 두려워집니다. 성취감 역시 영원할 수 없기에 도취하지 않는 게 중요합니다. '과거'의 성취에서 배운 것을 '현재'에 잘 적용해야 '미래'가 덜 불안할 수 있어요. 일하면서 항상 만나게 되는 두 가지 감정을 저는 이렇게 활용하고 있습니다.

더 나아가 불안한 감정을 긍정의 동력으로 바꾸는 것도 얼마든지 가능합니다. 부정 사고를 긍정 사고로 바꾸는 '인지적 재구성 Cognitive Reframing'이 다른 게 아닙니다. 사실 불안과 걱정이 내 안에 커지는 것도 자연스러운 일인데요. 문제는 부정적 감정이 무기력으로 번지기 전에 스스로 알아차리는 겁니다. 인지하기만 해도 확연히 달라질 기회가 생깁니다. 이럴 땐 생각을 멈추고 지금 할 수 있는 일이라면 뭐라도 해보세요. 그냥 한 발짝만 떼 보면 어떻게든 가게 됩니다. 가다 보면 뭐라도 보이고 저절로 알게 되며 자연스럽게 배우고 적용하게 됩니다. '그냥 하는' 것만큼 불안을 벗어나는 가장 확실하고 효율적인 방법이 없습니다.

도약 　　　뷰티에서
　　　　　웰니스로

　당연하게 해오던 것들을 전혀 할 수 없게 된 시기가
있습니다. 코로나19가 중국을 비롯해 전 세계를 덮쳐버
렸을 때였죠. 저는 그냥 하는 게 가장 쉬운 사람인데, 아
무것도 할 수 없게 되자 무력감이 밀려왔습니다. 10년
정도 중국 생활을 각오하고 이주했지만, 그 어떤 것도
완성형이 되지 못한 채 한국으로 돌아와야 했습니다. 자
리를 비우고 떠난 한국 조직과 이제 막 적응하기 시작한
중국 법인, 두 마리 토끼 중 그 어느 것도 잡지 못했다는
자책이 커졌습니다.

　타지살이에 지쳐 있던 가족과 함께 제주로 갔습니다.

열 걸음씩 성큼성큼 가던 속도를 늦춰 한 걸음씩만 가보기로 했습니다. 재충전의 시기로 여겼습니다. 그러면서 제주에 정착할 집을 매입하려고 했는데요. 여기서 일이 좀 꼬였습니다. 의도와 다르게 1만 5,000평의 땅을 매입하게 된 겁니다. 자초지종은 이렇습니다. 당시 중개한 사람의 설명으로는 이 땅에 주택 단지와 상가가 들어설 예정인데, 현재 건설사의 자금이 부족하니 주택 매입 전에 우선 안전하게 땅 명의를 제 앞으로 해놓자는 것입니다. 정신을 차려보니 땅은 제 이름으로 돼 있고 주택 단지 건설 계획은 오리무중이었습니다. 알고 보니 정화조 설치도 되지 않는 상수도 보호구역에 건폐율 20%인 땅이었어요. 애초에 주택 단지와 상가가 들어오기는 어려운 땅이었던 거죠.

이미 계약금과 중도금을 치른 상황이고, 포기하면 수십억 원을 그냥 날리는 셈이라 참 난감했습니다. 땅 주인에게 계약을 취소하고 돈을 돌려받을 수 없는지 문의했지만, 가능할 리가요. 이 곤란한 상황은 어떻게 또 기회가 되었을까요? 저는 웃돈을 얹어 무사히 땅을 되파는 데 성공했을까요?

계획과 다르게 그야말로 '덜컥' 사게 된 땅이니까 파는 것도 후보 중 하나이긴 했습니다. 하지만 전혀 다른 선택을 했습니다. 내친김에 인근 땅 1만 5,000평을 더 매입했습니다. 그즈음 저는 화장품 사업에서 조금 더 확장된 개념의 새로운 가치를 추구하고 있었습니다. 단지 아름다움이 화장품을 바르는 것으로만 완성될 수 있을까 생각했을 때 잘 바르는 것 이상으로 잘 먹고, 잘 쉬고, 잘 자는 게 매우 중요합니다. 겉모습만 화려한 아름다움보다 내면에서 자연스럽게 우러나오는 아름다움의 가치를 전하고 싶었습니다.

전 세계인을 아름답게 만들어주고 싶다는 열망은 이렇게 '뷰티'를 넘어 '웰니스'로 저를 이끌어 주었습니다. 최고의 럭셔리는 그 무엇도 아닌 자연입니다, 천혜의 자연을 누리며 신체적, 정신적 건강을 되찾는 웰니스의 가치를 감히 실현해 보기로 한 것이죠. 한라산 중턱 끝자락, 숲이 우거진 제주의 자연 속에서 온전하게 나라는 사람으로 쉬고 먹고 자며 아름다워질 수 있는 공간을 만들고 싶었습니다.

"그러니까 대체 화장품 팔던 놈이 제주에 처박혀서 뭐하고 있는 건데?"

지인들이 보기엔 화장품 사업을 팽개치고 또 무슨 사고를 치고 있는 건지 궁금했을 겁니다. 하지만 사실 뷰티와 웰니스가 그리 동떨어진 개념은 아닙니다. 서울에서 화장품을 만들고 파는 일과 제주에서 웰니스 센터를 짓는 일이 완전히 다르다고 생각할 수 있지만, 저에겐 그렇지 않았어요. 진정한 아름다움과 균형 잡힌 건강을 선사하겠다는 목적은 같으니까요.

이런 사연으로 만든 한라산 해발 350m의 작은 마을

'어보브그라운드'를 소개해 봅니다. 마을 안에는 11개 객실로 구성된 '에가톳'이라는 캐빈 호텔과 뮤지엄, 카페, 레스토랑, 그리고 산책로가 있습니다. 제주의 싱그러운 숲을 커다란 액자처럼 즐기는 스테이와 깨끗하고 정갈한 음식, 요가와 명상 등의 프로그램, 디지털 기기를 덜 사용하자고 권하는 디지털 디톡스까지 그야말로 잘 먹고, 잘 쉬고, 잘 자는 데 집중하게 해주는 공간입니다. 마당에 있는 핫 텁Hot Tub은 장작을 사용해 직접 물 온도를 덥혀 가장 자연스러운 릴랙스를 경험하게 합니다. 자연이 주는 완벽한 고립이 내일을 위한 에너지를 회복하는 데 큰 도움을 줍니다. 에가톳의 내외부 공간은 남해 사우스케이프, 거제 지평집을 설계한 조병수 건축가의 작품입니다.

타이슨의 유명한 말처럼, 링 위에서 한 대 처맞기 전까지는 누구나 원대한 계획이 있죠. 계획은 어그러질 수 있고 타격이 있을 수도 있겠지만, 가던 길을 멈출 필요는 없습니다. 어보브그라운드와 에가톳을 만들며 다시 한번 깨달았습니다. 잘못 들어선 길에서도 또 다른 길은 보입니다. 비록 미약하기 짝이 없는 시작이었지만, 그 덕분에 이렇게 또 완전히 새로운 프로젝트에 도전할 수 있었습니다. 뷰티에서 웰니스로의 도약은 이렇게 뜻하지 않은 계기에 실행되었지만, 앞으로도 많은 이들에게 웰니스의 가치를 선사하기 위해 계속해서 길을 다듬어 나갈 것입니다.

취향   브랜드를 만드는
        첫걸음

제주 스테이 에가톳Egattoc의 이름이 어떤 뜻인지 많이
들 묻습니다. 제주의 푸릇한 원시림에 안겨 있는 캐빈
호텔은 원시적 거주지인 오두막을 닮았습니다. 에가톳
은 오두막Cottage의 영어 스펠링을 거꾸로 읽은 것입니
다. 마치 숲속 오두막에 들어선 듯 아늑한 공간에서 자
연과 교감하며 온전한 쉼을 경험하길 바라는 마음을 담
았습니다.

에가톳의 심벌은 딱따구리 두 마리가 서로를 마주한
모습을 형상화했습니다. 처음 이 숲에 왔을 때 '웬 딱따
구리가 이렇게 많지?' 하고 놀랐는데, 그 기분 좋은 경탄

을 오롯이 녹여낸 심벌입니다.

브랜드를 만들 때 가장 신경 쓰는 부분은 그 브랜드가 본질적으로 추구하는 가치를 온전히 담아내는 일입니다. 그러면서 사람들이 부르기 편한 이름을 가져야 하고, 트렌디함을 가져가면서도 일시적인 유행에 치우치면 안 됩니다. 트렌디한 것과 트렌디한 척하는 것은 다릅니다. 여기에 더해 스토리를 담아내고자 노력합니다.

파파레서피는 아빠가 아이를 위해 전 세계를 다니며 친환경 재료를 구해 화장품을 만드는 제 이야기를 담았습니다. 창업할 때의 회사 이름을 코스토리Costory라고 지은 것도 이를 매우 중요하게 여겼기 때문입니다. 코스메틱Cosmetic과 스토리Story를 합친 이름입니다. 이후 에이비티아시아로 사명을 변경할 때는 '지구상의 모든 것이 아름다워지는 날까지'라는 포부를 담아 'All Beautiful Things' 문구의 영문 머리글자를 땄습니다.

이런 여러 조건을 충족하기 위해 저와 타인의 취향을 적절히 브랜드에 반영해야 합니다. 저는 브랜드를 만드는 첫걸음을 취향이라고 생각합니다. 하비프러너Hobby-preneur라는 말이 있는데요. 2019년 「SBS 스페셜 : 취미가 직업이 된 사람들, 하비프러너」 방송에 출연하면서 이 말을 처음 접하게 되었어요. 취미가 업이 된 사람을 이르는 말입니다. 화장품을 좋아한 한 청년이 화장품 브랜드를 만든 것처럼, 계속 범위를 확장하며 또 다른 취향을 찾고 그 과정에서 브랜드를 파생해 나가는 일이 즐겁습니다.

제가 좋아하는 일에서 시작할 때가 많지만, 대중의 취향을 놓쳐서는 곤란합니다. 비커스랩Bikus Lab과 비커스런Bikus Run이라는 브랜드를 만들 때도 마찬가지였습니다. 운동을 시작하며 달리기에 폭 빠지게 되었는데요. 여기에 더해 사이클, 수영까지 함께하는 철인3종경기Tri-athlon로 확장해 본격적으로 연습하고 대회까지 나가게 되었어요. 그런데 이 세 가지를 따로 연습하기엔 어려움이 있었습니다. 마침 러닝 인구가 급증하고 있었고, 앞으로도 이런 확장성이 있을 것이라고 판단했습니다. 그래서 수영장, 사이클, 헬스장을 합쳐 놓은 러닝센터를 국내 최초로 오픈한 겁니다. 비커스랩은 국내 최초의 엔드리스 풀이, 비커스런에는 러닝과 사이클 시설이 함께 마련돼 있습니다.

서울 사옥인 뷰티 타워에 입점되어 있기에 직원들에게도 이용하기를 장려하고 있어요. 실제로 다이어트와 체력 단련을 통해 자신감과 성취감을 얻으면, 업무 효율도 높아집니다. 체력이 안 되고 지치면 그냥 다 하기 싫어지잖아요. 몸이 힘든 건데, 이유를 다른 데서 찾고 있어요. 직원들뿐만 아니라 많은 러너들이 이곳에서 함께 뛰고 운동하며 커뮤니티를 형성하기도 합니다.

기존에 만든 브랜드와 연결성을 가지고 또 다른 브랜드로 확장해 나가기도 합니다. 에가톳 캐빈 호텔에서 출발해 에가톳 뷰티를 만든 것이 이런 경우입니다. 에가톳 뷰티는 제주 지역에서 나는 원료를 기반으로 아유르베다의 과학을 결합한 제품을 선보이는 브랜드입니다. 오일 베이스의 바질·그린티 스크럽 제품을 비롯해 배쓰 블록, 드롭 디퓨저 오일 등이 있는데요. 새알을 떠받치고 있는 모양의 에그 트레이에 오일을 똑똑 떨어뜨려 쓰는 드롭 디퓨저 오일은 에가톳의 상징인 딱따구리에서

영감을 받은 것입니다. 이렇게 만든 뷰티 브랜드 제품을
에가톳 캐빈 호텔에 비치해 웰니스와 뷰티의 가치를 연
결해 두었습니다.

　브랜드는 하나의 인격체라고 생각합니다. 그래서 브
랜드가 추구하는 삶을 창업자는 살아야 합니다. 내가 몸
소 겪고 느끼고 보는 것들을 고객들과 마주 앉아 소통할
준비가 되어 있어야 합니다. 내가 만들고자 하는 브랜드
와 내 삶의 모습이 맞닿아 있어야 진정한 브랜드로서 자
리매김할 수 있습니다. 이것이 줄곧 강조한 브랜드의 진
정성이니까요.

요즘에는 요리에 제대로 심취해 있습니다. 요리사가 되어야겠다는 생각은 해본 적이 없지만, 요리를 공부하고 직접 해보는 일이 매우 즐겁습니다. 에가톳을 오픈한 초창기에는 한동안 제주에서 요리사를 구하기 어려워 제가 직접 조식을 마련하기도 했습니다. 하지만 저와 제 가족, 지인에게 해주는 음식과 에가톳을 찾아온 손님에게 대접하는 요리는 완전히 다르더군요. 그래서 아유르베다 자격증, 발효효소 관리사, 담양 기순도 발효학교 발효마스터 과정 등에 도전하며 취향을 갈고닦아 발전시키고 있습니다.

웰니스가 '좋은 거 바르고, 좋은 거 먹고, 좋은 운동하고, 좋은 휴식을 취하는 것'이라고 한다면, 여기에서 먹는 것만 빼고 모두 브랜드가 되었네요. 또 어떤 취향이 브랜드로 연결될지 아직은 알 수 없지만, 계속해서 제 취향을 발견하고 타인의 취향을 관찰하는 일만큼은 멈추지 않을 생각입니다.

시선 　　　누구도 대신
　　　　　　살아주지 않는다

　트렌드를 파악하고 브랜드를 만드는 일을 하다 보면,
자꾸만 시선이 타인을 향하게 됩니다. 내 취향을 들여다
보는 것이 브랜드의 시작이라고 했지만, 타인의 취향을
반영해야 사업 아이템으로서의 가능성이 높다는 것을
알기 때문이죠. 이런 이유로 사업가이면서 온전한 나로
산다는 게 생각보다 쉽지 않습니다.

　사회적 성공을 바라는 우리 마음속에는 타인에게 인
정받고 싶은 욕구가 자리하고 있습니다. 세계인들이 지
켜보는 가운데 딴 올림픽 메달이 가치 있듯이 타인 속에
존재하는 나로서 이룬 성공이어야 그 가치를 인정받습

니다. 타인의 시선을 의식할 수밖에 없습니다.

　하지만 타인이 보내는 불편한 시선을 걷어낼 줄 알아야 용기 있는 한 발을 뗄 수 있습니다. 또 계속해서 뚜벅뚜벅 걸어갈 수 있습니다. 중국에서 처음 브랜드를 알려야 할 때, 유튜브 라이브 방송을 켜면 단 1명이 접속할 때도 있었습니다. 민망하고 겸연쩍은 마음이 잠시 들더라도 크게 집중하지 않고 항상 같은 시간에 마치 1만 명이 보고 있는 것처럼 어김없이 라이브 방송을 켰어요. 제품만 좋다고 알아서 팔리는 건 아니잖아요. 창업자가 절실한 마음으로 홍보하지 않으면 그 일을 누가 대신 해줄까 생각했습니다.

　차츰 라이브 방송의 접속자가 늘더니 100명이 되고 200명이 되고 2,000명까지도 늘어났습니다. 이를 활용하여 제품을 팔았고, 기회도 얻었습니다. 무려 100만 명이 보는 채널에 초대받아서 홍보 효과를 톡톡히 누렸습니다. 단 1명이 보더라도 꾸준히 해야 합니다. 그리고 설사 10명이 욕하더라도 나를 알아봐줄 1명을 위해 내 할 일을 지속하는 게 중요합니다.

'누구도 내 인생을 대신 살아주지 않고, 타인은 생각보다 나를 신경 쓰지 않는다.'

제가 SNS를 활발하게 활용하고, 방송에 출연하고, 강연을 하는 이유는 어느 순간 이 사실을 깨달았기 때문입니다. 아무것도 아닐 때부터 저를 알렸고, 무언가를 이뤘을 때도 멈추지 않았고, 앞으로도 계속할 예정입니다. 간혹 매출이 크게 늘고 조직이 커진 후에 대표가 SNS 활동을 멈추는 경우를 봅니다. 시간이 없다고 하지만, 없는 시간을 쪼개서라도 세상 돌아가는 흐름을 알아야죠. 특히 소비재는 오프라인만 이해해서도 안 되고, 온라인만 빠삭해도 안 됩니다. 양쪽 모두 균형 있게 키워나가야 합니다. 거대한 흐름을 주도하지는 못할망정, 주시하다가 따라갈 순 있어야죠. 그러기 위해 대표는 더 시끄럽게 떠들어야 합니다. 더 요란하게 활동해야 합니다. 그래야 세상이 알고, 세상을 알 수 있으니까요.

더불어 중요한 결정을 내릴 때 타인의 시선이나 의견이 얼마나 반영돼 있는지 한 번쯤은 점검하는 편입니다. 누군가의 말을 듣고 실행했다가 잘되면 '경청'한다고 하지만, 잘 안되면 '경솔'하다고 합니다. 누군가의 말을 듣지 않고 실행했는데 잘되면 '뚝심' 있다고 하는데, 잘 안되면 '아집'이라고 평가받아요. 적절한 선에서 여론을 참고하는 것이 때로는 필요하겠지만, 결과적으로 내 결정의 주체는 자신이어야 합니다. 이제는 의식적으로 타인의 시선을 걷어내고, 내면의 소리에 더 집중하려고 합니다. 각자 자신이 인생의 주인공이므로 스쳐 가는 조연의 시선을 너무 의식하다가 장애물에 걸려 넘어지는 일은 없어야겠습니다.

4장

배움

배움   잘하는 사람
　　　　옆에서

　처음 화장품 회사에 취직했을 때 누구보다 일을 잘하
고 싶었습니다. 가장 먼저 일 잘하는 사람이 누군지 관
찰했어요. 그리고 그 사람 옆에 붙어서 무작정 따라 해
봤어요. 처음에는 잘 안 보이던 것들이 보이더라고요.
아직 완벽히 숙련되지 않은 상태에서는 따라 한다고 해
도 100% 똑같은 퍼포먼스가 나올 수 없어요. 내 눈에 보
이는 만큼, 내가 해본 경험 안에서 모방하기 때문입니
다. 그런데 그냥 그렇게 하다 보면 차츰 제 것이 생겨납
니다. 반복된 시도 안에서 제 시야가 트이고, 제 경험이
쌓이고, 제 속도를 찾게 됩니다. 일의 숙련도가 높아지

면서 자신만의 스타일이 생겨나는 과정이지요.

'1등이 되고 싶다면, 1등 옆에 꼭 붙어라. 그리고 1등을 따라 하라.'

이 과정을 '어깨너머로 배운다'고 말합니다. 실전에서 이보다 더 좋은 방법은 없다고 생각해요. 이미 잘하는 사람은 분명 노하우가 있을 거고, 그 옆에서 빠르게 습득할 수 있으니까요. 여기서 강조하고 싶은 것은 무언가 잘하는 사람이 있고 그에게서 배워야 한다면, 온전히 수용하는 태도가 매우 중요하다는 겁니다. 혹시 틀린 게 아닐까? 저 방법이 더 빠르지 않을까? 하며 의심하지 않고 낮은 자세로 그 노하우를 흡수하는 시간을 충분히 가져볼 필요가 있습니다.

무언가 잘하고 싶다면, 그걸 이미 잘하고 있는 사람과 만나는 시간이 길어야 합니다. 접촉하는 시간이 길수록 더 큰 영향력을 미치는 것은 당연합니다. 요즘 요리에

푹 빠져 있다 보니 요리 잘하는 사람과 만나는 시간이 길어집니다. 각 분야의 요리 전문가들과 만나서 함께 요리에 대해 이야기하고, 그들이 요리하는 모습을 곁에서 봅니다. 예를 들면, 강민철이라는 셰프 친구가 집에 놀러 와 야채 손질만 해도 눈이 휘둥그레집니다. 나로서는 생각지도 못한 힌트를 얻게 되는데요. 사소한 것 하나까지도 놓치지 않으려고 물어보고 따라 하며 배우는 재미가 쏠쏠합니다.

예를 들면, 고구마 하나를 에어 프라이어에 굽더라도 물에 한 번 적셔서 표면이 마르지 않게 조리하면 훨씬 맛있습니다. 마치 스팀 기능을 쓴 것처럼 촉촉하게 구워지거든요. 이렇게 소소한 노하우들이 차츰 쌓여서 요리를 더 맛있게 하는 데 보람을 느낍니다.

요리가 맛있어지려면 '프렙Prep'이라는 준비 과정이 필요한데요. 사업을 준비하는 과정과 매우 비슷하다는 생각을 했습니다. 좋은 재료와 장비를 잘 갖추었는지,

레서피를 얼마나 정확히 이해하고 있는지, 어떤 순서대로 조리할 것인지 등에 따라 결과물이 달라집니다. 실제 조리에 들어가서는 얼마나 긴 시간 동안 불의 세기를 어떻게 조절해 요리할 것인지가 중요합니다. 초반에 레서피를 완벽히 숙지하지 못했을 때는 설익기도 하고 태우기도 합니다. 칼질을 잘못해 손을 베기도 하고 재료를 잘못 써서 원하지 않는 맛이 날 때도 있지요. 하지만 맛있는 음식을 먹기 위해 혹시나 다칠 수도 있는 위험을 감수하거나 소위 망하는 과정을 겪어봐야 합니다.

변수에 따른 대처 능력도 중요합니다. 설탕이 없을 땐 콜라를 넣을 수도 있고, 딜이 없으면 바질로 허브 향을 내고, 칼이 없으면 가위로 숭덩숭덩 자를 때도 있지요. 그런 과정을 거치며 나만의 레서피를 차츰 다듬게 됩니다. 순서대로 정리된 레서피가 상업화할 수 있는 아이템이라면, 그 안에 들어간 재료 하나하나는 조직원이 될 것입니다. 개성 있는 재료가 모여 하나의 조화로운 맛을 이룹니다. 칼과 불은 제가 요리할 때 가장 중요하게 생각하는 요소인데요. 잘 다루어 적재적소에 사용하면 맛의 한 끗이 달라집니다. 리더가 조리 과정을 주도하며 칼과 불을 어떻게 쓰고, 얼마나 능숙하게 다룰 수 있는지에 따라 요리의 완성도가 달라질 수 있습니다.

다시 본론으로 돌아가 볼게요. 무언가 잘하고 싶다면 잘하는 사람 옆에 있어야 한다고 했는데요. 그렇다면 어떤 사람이 일 잘하는 사람일까요?

첫째, 일 잘하는 사람은 핑계가 없습니다. 남 탓하지 않고 먼저 내 몫을 명확하게 인식하며 책임감을 가지고 일합니다. 상황이 이래서 못 하는 게 아니라 '그럼에도 불구하고' 해내기 위해 애씁니다. 안 되는 이유를 찾을 시간에 잘될 방향을 고민합니다.

둘째, 일 잘하는 사람은 빠르게 실행하고 빠르게 배웁니다. 생각이 떠오르면 몸부터 움직입니다. 고민하지 않고 먼저 시도합니다. 실수를 하더라도 같은 실수를 반복하지 않습니다. 성공으로 가는 과정의 사소한 것 하나까지도 놓치지 않고 기억하고 복기하고 습득합니다. 이 경험의 과정은 탄탄한 실력이 됩니다.

셋째, 일 잘하는 사람은 유연하게 대처합니다. 요즘 시장은 너무도 빨리 바뀝니다. 기술도, 경제도, 환경도, 사회 인식도 너무 빠른 속도로 변합니다. 따라서 과거의 성공이 지금의 성공을 보장하지 않습니다. 이런 거시적, 미시적 관점에서의 변화를 인식하고 바뀐 환경 속에서 적응하고 대처합니다. 예전에 이룬 성공의 방식만 무조건 옳다고 믿는 사람과는 또 다른 경쟁력을 가지게 되는 거죠. 변화에 민첩하게 대응하고 적응하는 능력이야말로 어떤 변수에도 끄떡하지 않을 무기가 됩니다.

결론적으로 일 잘하는 사람은 성과를 냅니다. 정말 필요한 인재는 '성과를 내기 위한 과정을 이해하는 사람'입니다. 여기서 말하는 이해는 따뜻한 아량일 수도 있고 정확한 숙지일 수도 있는데요. 두 가지를 모두 갖추고 있다면 성과를 내는 데 더할 나위 없는 조건입니다. 자신의 몫을 잘해 내면서 상대의 영역을 존중한다는 뜻이니까요. 스스로 일 잘하는 사람이 되기 위해 부단히 노력하며 정리해둔 기준인데요. 참고하면서 적절히 자신에게 대입해 보는 기회를 가져도 좋겠습니다.

발전 　　　**발견의 과정**

　아무리 노력해도 무언가를 최초로 발견하기란 쉽지 않습니다. 새로운 시장을 개척하거나 새 아이템을 개발해 본 사람이라면, 이미 존재하는 것이 대부분이라는 것을 깨닫게 될 겁니다. 눈에 보이지 않아도 존재하는 것이 있습니다. 아직 몰라도 존재하는 것도 있고요. 따라서 통상적으로 업계에서 '최초의 발견'이라 부르는 것은 '이미 존재하는 것들을 선별해 대중적으로 이용 가능하게 한 것'이라고 이해하는 게 더 맞을 겁니다.

　"네가 좋아하고 잘할 수 있는 것을 찾아."

누군가 새로운 아이템, 혹은 다른 방향을 고민하고 있을 때 쉽게 던질 수 있는 말입니다. 그야말로 말이야 쉬울 수 있겠지만, 실제 그 과정은 녹록지 않습니다. 에디슨의 발명처럼 한순간에 번쩍하고 나타나는 게 아니기 때문이죠. 누구에게나 발견의 과정은 꼭 필요합니다. 언뜻 '발견'이라고 하면 미처 찾아내지 못하거나 아직 알려지지 않은 사실을 찾아내는 찰나의 순간이 떠오르지만, 사실 지난하고 부단한 노력의 과정입니다.

발견의 과정은 보통 우연한 관심에서 시작하는 것 같습니다. 관심이 생겨야 유심히 관찰하고 공부하며 차츰 전문성을 다져나가게 되니까요. 엄밀히 말하면 우연조차도 수많은 접촉에서 비롯한 일이므로 더 적극적, 능동적으로 시야를 넓히고 세상을 바라봐야 합니다. 어렵고 두려워도 더 많은 사람을 만나고, 더 자주 사건 사고를 접해야 합니다.

제아무리 많은 사람과 사건 사고를 접한다 해도 그것을 무의미하게 흘려보내면 아무 소용이 없습니다. 이를

테면, 흩어진 점을 선으로 연결하는 과정이 있어야 합니다. 수많은 사건 사고, 사람을 관심 있는 주제와 끊임없이 연결하려는 태도를 가져야 합니다. 연결하지 못하면 발견하기 어렵습니다.

그 연결은 배움으로 단단해집니다. 이론이든 경험이든 끊임없이 배워나가면 자연히 그 대상을 더 깊이 이해하게 됩니다. 관심을 통해 '내가 좋아하는 일인지?'에 대한 물음에 다가갔다면, 배움을 통해 '이 일이 사람들에게 도움이 되는가?'에 대해 현실적으로 생각해 볼 기회를 얻을 수 있습니다. 배움이 일방적으로 지식을 받아들이는 행위라고만 생각하면, 아웃풋 역시 한정적일 수밖에 없습니다. 배우면서도 끊임없이 물음표를 던져서 내 안의 의문을 해소해야 합니다. '관심을 갖고 배워보는 행위'의 반복만이 내가 좋아하고 잘하는 일에 다가갈 수 있는 최선의 경로입니다.

무언가를 발견하기 위해서는 세상 모든 것을 관심의 대상, 배움의 기회로 봐야 합니다. 당연한 건 없고, 그냥 되는 건 없습니다. 뭐든지 배우려고 하고, 읽으려고 해야 하며, 모든 사물과 현상에 진심 어린 호기심을 가져야 합니다. 그래야 기회가 옵니다.

마침내 기회가 온다 해도 10번 해보고 안 된다고 장담하지 마세요. 20번 해보고 좌절할 필요도 없습니다. 30번쯤 하다 보면 더 해야 하나? 고민될 수도 있겠죠. 하지만 100번 이상은 해봤으면 합니다. 이유는 간단해요. 10번 해보고 안 된다고 하는 사람들이 더 많습니다. 30번까지 해보면 진짜 이건 한계 아닌가? 하고 멈칫하는 사람이 대부분일 것입니다. 하지만 100번까지 하는 사람은 극히 드물어요. 따라서 성공할 확률이 훨씬 높아집니다.

쉬운 게 이상한 거고 어려운 게 당연한 겁니다. 과정이 너무 어렵다면 이뤘을 때 희소성이 커집니다. 마침내 넘어섰을 때 입지가 훨씬 단단해져요. 과정이 너무 쉽다면 거꾸로 말해 누구든 진입할 수 있다는 말이고, 경쟁자가 무한대로 늘어날 겁니다. 발견은 찰나의 포착이 아닙니다. 지난한 발전의 과정입니다. 그러려면 체력이 매우 중요합니다. 지치지 말아야 해요. 몸이 지치면 마음이 지칩니다. 꾸준한 운동으로 체력을 관리해야 하는 이유입니다. 운동선수의 체력까지는 아니더라도 언제든 10km 뛸 수 있는 체력 정도는 다져두어야 하지 않을까요.

강점 　　# 능력보다
　　　　　# 매력의 시대

　업의 연관성을 떠나 닮고 싶은 사람들이 있습니다. 꼭 유명하거나 대단한 업적을 남겨서가 아니더라도 매력이 있다면 끌리고 궁금하고 배우고 싶어집니다.

　지금은 학력이나 재력이 절대 성공을 보장하지 않습니다. 심지어 능력보다 매력이 더 중요한 시대라고 생각합니다. 일을 감당할 수 있는 힘과 자격이 능력이라면, 매력은 은근히 사람을 끌어당기는 힘입니다. 능력은 갈고닦고 숙련되면 갖출 수 있고 비교적 객관적으로 평가할 수 있습니다. 반면, 매력은 주관적이고 취향을 타는 개념이라 같은 대상을 보고도 느끼는 바가 다를 수 있어요.

개성 있는 외모가 매력적인 사람도 있고, 단단한 내면이 매력인 사람도 있습니다. 돈이 많아 매력적인 사람이 있는 반면, 돈이 많아도 매력을 찾기 어려운 사람도 있지요. 몸 때문에 매력 있는 사람이 있지만, 신체적 여건이 열악해도 충분한 매력을 가질 수 있습니다. 어떤 일이든 차분하고 진중하게 임하는 모습이 매력일 수도 있고, 사람들과 잘 어울리며 '파이팅' 넘치는 모습이 매력으로 다가오기도 합니다. 성격, 외모, 목소리, 진중함, 유머러스함, 당당함, 창의성, 성실성, 리더십, 추진력, 카리스마 등 우리가 매력을 느끼는 요인은 다양합니다.

제 주변에는 매력 넘치는 분들이 참 많이 있습니다. 매거진 B 발행인이자 JOH 조수용 대표님을 뵈었을 때는 경청하는 태도가 참 인상 깊었습니다. 상대의 말을 진중하고 차분하게 모두 들은 후에, 가장 쉬운 한마디로 간결하게 함축해 정리해 주셨습니다. 본질을 꿰뚫는 통

찰과 인문학적 소양을 닮고 싶었습니다.

전 에이피알 창업자이자 현재는 비엠스마일 의장으로 위글위글, 페스룸 등 다양한 브랜드를 운영하고 있는 이주광 대표는 일에 대한 진정성이 놀라울 정도예요. 매 시간, 매분 일만 생각하는 지독한 워커홀릭입니다. 저에게 항상 자극을 주고 큰 동기 부여가 됩니다. 아, 나도 아직 안주할 때가 아니지! 하는 팽팽한 긴장감을 느끼게 합니다.

올가니카 홍정욱 회장님은 인생의 답을 찾지 못할 때 가장 먼저 떠오르는 분입니다. 그럴 때 뵙고 상의드리면 계속 질문을 던져서 스스로 현명한 답을 찾도록 이끌어 주십니다. 늘 배우려 하시고, 늘 궁금한 게 많으시고, 늘 젊은 사람과 소통하려 하십니다.

흔히 부족한 능력에 좌절하곤 하지만, 매력이 있다면 뭐든 해볼 만합니다. 남과 다른 나의 모습이 매력이 될 수 있고, 사람들이 나를 좋아하는 이유입니다. 굳이 무언가를 바꿀 필요는 없지만, 어떻게 다듬느냐에 따라 훨씬 돋보일 수 있습니다.

매력 있는 대상은 꼭 사람만은 아닙니다. 우리가 쓰는 상품과 서비스, 브랜드 혹은 회사가 될 수 있습니다. 우리가 가는 도시나 국가도 매력적일 수 있지요. 그 대상이 무엇이 됐든 매력이 있다면 사람들은 기꺼이 시간과 돈을 지불하고 경험하려 합니다. 팬을 만들고 소통하며 시장이 형성되는 힘도 이 매력이 출발점이라고 생각합니다.

모든 것이 다 있는 시대, 매력으로 어필하는 것만큼 뚜렷한 차별성을 가지는 일이 또 있을까요? 매력적으로 다가온 대상은 뇌리에 깊이 각인되는 효과가 있습니다. 저 역시 매력을 잃지 않기 위해 누군가와 더 많이 이야기하고, 더 많이 배우고 있는지도 모릅니다. 절대 포기하지 말아야 할 것이 배움의 자세라면, 절대 잃지 말아야 할 것이 매력입니다.

독서   # 간접 경험의
          # 최대 효율

좋아하는 일을 계속하려면 단단한 정신력과 체력이 필요합니다. 체력을 다지는 법은 꾸준한 운동이 필수이고, 정신력을 다잡는 방법 중 가장 효율적인 행위가 바로 독서입니다. 세상에 단돈 1만~2만 원으로 한 분야에 정통한 전문가의 지식을 습득하고 그의 인생에서 교훈을 얻을 수 있는 것이 또 있을까요? 제가 아는 한 없습니다. 독서가 유일합니다.

확실히 도움이 된다는 것을 알면서도 생각보다 독서가 쉽지 않다고 말합니다. 제 경험으로는 '한 달에 한 권

읽자' 하는 식의 목표는 지키기 어렵고, 금세 느슨해지기 쉽습니다. 그보다 독서하는 환경을 만들고, 그 환경 안에 나를 밀어 넣어야 합니다. 이를테면 독서의 시스템화입니다.

예를 들면, '트레바리'라는 독서 클럽의 클럽장을 맡아서 4주에 한 권씩 책을 완독하고 주제를 정해 토론을 이끕니다. 클럽 사람들과의 약속이 되어 있고, 마감을 정해놓고 토론을 준비해야 하기에 독서 효율이 좋을 수밖에 없습니다. 읽고 나서는 함께 토론하면서 서로 다른 의견을 향유하게 됩니다. 사람마다 주목하는 대상과 사건 등이 다르고, 해석 역시 모두가 다릅니다. 같은 책을 읽고 각기 다른 생각을 확인하는 게 신기하고 즐겁기도 합니다. 무엇보다 작심삼일, 의지박약이라면 독서 클럽에 가입해 독서를 루틴화하기를 추천합니다.

어디든 책을 보이는 곳에 두고 자주 휴대하는 것도 독서 습관을 만들기에 좋습니다. 요즘은 제주와 서울을 오가는 이동 시간이 꽤나 긴데, 비행기에 탑승할 때 혹은 승용차로 이동할 때 무조건 책을 휴대합니다. 또 집 안 곳곳에, 특히 화장실에는 반드시 책을 놓아두고요. 독서 기간 역시 막연하게 길게 잡으면 하루이틀 자꾸 미루다가 잊히고 맙니다. 저는 '하루 10페이지 읽기'를 꼭 지키려 합니다. 어떤 책이든 하루에 10페이지만 읽자는 가벼운 마음으로 책을 펼치면 어느새 쭉쭉 책장이 넘어갑니다. 10페이지로 시작한 책 읽기가 밤새 놓지 못할 만큼 재미가 붙기도 합니다.

하루 10페이지씩 읽는 게 습관이 되었다면 세 권의 책을 동시에 진행해 보세요. 인터넷 서점에 들어가면 지금 읽고 싶은 책 세 권 정도는 보일 겁니다. 시작할 땐 세 권을 구매해야겠지만, 각 책마다 완독의 속도가 다르니 매번 세 권을 다 구매할 필요는 없습니다. 내가 지금 읽을 세 권을 항상 확보해 두고, 매일 각 책의 10페이지씩만 읽어보는 겁니다. 이렇게 세 권을 한꺼번에 읽으면 그중 좀 지루한 책이 있어도 버틸 만합니다. 조금 읽다가 그냥 다른 책으로 도망가면 되니까요. 힘든 책에 붙들려 진도 못 나가고 끙끙대는 것보다 낫습니다. 꼭 한 권을 완독한 후에 다음 책으로 넘어가야 한다는 편견을 버렸으면 좋겠습니다.

지금 읽고 있는 세 권의 책은 무엇이냐고요? 에세이 분야의 『일의 감각』, 경제·경영 분야의 『초격차』, 인문 분야의 『마흔에 읽는 쇼펜하우어』입니다. 용도를 살펴 보니 내 일과 브랜드에 도움이 되는 책, 기업인 혹은 리더로서 필요한 책, 마음의 중심을 잡아주는 책이네요. 이렇듯 분야별로 골라도 좋고 사업에 도움 될 책, 머리 식힐 때 읽고 싶은 책, 아이 교육에 필요한 책과 같이 용도에 맞는 세 권을 골라도 좋습니다.

책은 감히 만날 수 없는 위대한 사람과 나를 이어주는 연결점이 됩니다. 시간과 장소를 초월해 스티브 잡스 같은 위대한 기업가를 만나고 질문하게 해줍니다. 간접 경험의 최대 효율을 자랑합니다. 책을 통해 내가 겪고 있는 어려움을 이미 그가 겪었고, 이렇게 극복하고 이겨냈다는 사실까지 알게 됩니다. 책으로 남길 만큼 위대한 사업가의 현명한 솔루션은 고민을 해결할 힌트가 됩니다.

'이렇게 말도 안 되는 일을 어떻게 극복했지? 나라면 저 상황을 버틸 수 있었을까?'

솔직히 다 읽고 나면 구체적인 내용은 기억이 안 날 때도 많습니다. 하지만 분명히 감정은 기억합니다. 책에서 서술한 사례는 꼭 그 사람처럼 살라고 강요하는 게 아닙니다. 가장 중요한 것은 마음속에 일어나는 무엇입니다. 활자에 깊이 빠져 몰입하고 공감하고 감탄했던 강렬한 기억은 '마음에 새겨진 타투' 같은 것입니다. '뇌에 기억되는 주름'이기도 합니다. 책을 보며 지식의 주름을 조금씩 늘려나간다면 우리는 어떤 선택 앞에서도 실로 차분하고 냉철하며 현명해질 수 있습니다.

반복   리스크의
무한 패턴에 관하여

모든 시도는 리스크를 안고 있습니다. 리스크는 '위험'이라는 뜻이지만 사실 이 뜻이 반만 맞는 게 아닌가 합니다. 리스크는 불확실성입니다. 실패할 위험도 있지만 성공할 가능성도 있어요. 따라서 위험을 피하고 최소화할 방도를 찾는 한편, 성공을 위한 꾸준한 실행이 필요합니다. 실제로 리스크Risk의 라틴어 어원이 '용기를 가지고 도전하다'라고 합니다.

어느 순간에도 위험 없이 실행하겠다는 생각은 오히려 더 위험합니다. 그런 시도는 세상에 없습니다. 사실 아직 경험하지 않은 것만큼 큰 리스크는 없다고 생각합

니다. 중국 시장에 진출할 때 무작정 중국 땅으로 날아
간 이유도 이 리스크를 줄이기 위한 것이었습니다.

'이 고비만 넘으면 이 고민은 사라지겠지?'
'설마 또 이런 위험한 일이 생기지 않겠지?'

제가 했던 착각 중의 하나입니다. 여러 고비를 넘으며
최소한 같은 고민은 하지 않게 될 줄 알았습니다. 마침
내 취업을 하게 하면, 일을 잘하게 되면, 승진을 하면, 이
프로젝트만 성공하면, 창업을 하면, 매출이 이 정도가
되면, 직원이 몇 명이 되면, 회사가 커지면… 이 고민은
해결될 줄 알았어요. 미친 듯이 노력해서 어느 정도의
반열에 올라서면 고민이 사라질 줄 알았습니다. 하지만
고민이 사라지는 순간은 결국 오지 않았습니다.
놀랍게도 리스크는 비슷한 패턴으로 무한 반복될 뿐
입니다. 창업 후 여러 단계를 거쳐오며 깨달은 것은 큰
틀에서 고민의 종류가 늘 비슷하다는 겁니다. 예를 들어

회사원일 때의 고민이 1. 인간관계, 2. 돈, 3. 성과였다면, 오너일 때 고민 역시 1. 인력난, 2. 자금난, 3. 시장에서의 경쟁과 성과였거든요. 사업 초창기에 하던 고민을, 사업이 커진 지금까지도 비슷하게 또 하고 있습니다. 규모의 차이일 뿐이지 결국 이 문제들이 속을 끓입니다.

현재 우리 회사는 100억 원에 이르는 규모의 국제 소송 중입니다. 그런데 사업하는 오너들의 고민을 듣다 보니 소송하고 있는 회사가 적지 않습니다. 그러니까 1,000억 원 규모의 회사는 100억 원짜리 소송에 걸려 있고, 1,000만 원 규모의 회사는 100만 원짜리 소송을 하는 것뿐입니다. 1,000만 원 규모의 회사에서 100억 원짜리 소송에 걸린 경우는 드물겠죠? 회사가 크든 작든 규모에 따른 고민이 늘 따라붙는다는 뜻입니다. 회사를 운영하는 오너라면 소송당할 용기와 소송 걸 각오까지도 필요한 건가? 하는 생각도 듭니다.

이 고민의 패턴을 알게 되면 지금 놓인 문제에 너무

매몰되지 않게 됩니다. '아, 이번엔 1번 고민이 시작됐구나. 이걸 어떻게 풀까?' '2번이 또 문제를 일으켰네. 이번엔 이렇게 헤쳐나가 볼까?' '3번 고민은 전에 이렇게 풀었는데 이번에도 적용이 될까?' 고민하면서 능히 답을 찾게 됩니다. 이걸 정확히 인지하고 분류하는 것만으로 고민을 한 걸음 물러서 바라보고 해결하는 과정이 편안해집니다. 고민은 패턴만 다를 뿐 늘 있는 것임을 인정하면, 자신을 무겁게 짓누르던 고민이 그다지 버겁지만은 않을 겁니다.

5장

균형

습관 　　　 매일 실행
　　　　　자동화 시스템

　사실 저는 계획적인 사람이 아니었습니다. 그냥 하는 사람이라서요. 그런데 어느 순간, 꾸준히 그냥 하기 위해서 습관이 필요하다는 것을 알게 되었어요. 몸에 밴 습관들이 완전히 자동화될 때까지 어느 정도의 시스템이 필요했던 거죠. 시간을 더 촘촘히 알차게 쓰기 위해서입니다. 아유르베다(육체와 정신의 균형을 꾀하는 인도의 전통 의학)를 공부할 때, 모든 움직이는 것에는 에너지가 있는데 그중 가장 강력한 것이 시간이라고 배웠습니다. 시간의 흐름을 통제할 수 없지만, 흐르면서 몸과 마음을 치유합니다. 흐르는 시간을 거스를 수 없고, 시간을 초월해 살 수도 없습니다. 할 수만 있다면 시간을 돈 주고 사고 싶을 정도로 귀합니다.

하루를 짧은 인생이라고 봤을 때, 아침에 눈뜨는 시간이 인생의 시작이고 잠드는 시간이 눈을 감는 때라고 가정할 수 있습니다. 아침부터 저녁까지 딱 하루만 인생을 산다고 하면 과연 시간을 허투루 보낼 수 있을까요? 귀하디귀한 하루의 시간을 어떻게 사용하면 좋을까요? 꼭 해야 할 실행을 자동화하려면 어떻게 하면 좋을까요?

저는 매년 다이어리를 성실하게 써왔습니다. 그러다 최적화된 시간 관리를 위해 'TPA 노트'라는 것을 만들었어요. TPA는 'Thinking, Planning, Acting'의 약자입니다. 사고하고 계획하고 실행하자는 것이죠. 이 노트를 활용하며 저는 쓰고 읽고 실행합니다.

이 노트의 목표는 노트가 필요 없는 날까지 습관을 만들고 반복하는 겁니다. 메모는 습관을 만들고 습관은 루틴을 만듭니다. 바로 이 경지가 매일 저절로 실행하게 되는, 이른바 실행 자동화 시스템이 내 안에 장착된 것입니다. 일단 개괄적인 것부터 써봅니다. 현재 나의 재무적 건강 상태, 내 체력적 건강 상태, 내가 가장 많이 만나는 사람들, 내가 가장 많이 가는 곳 등을 써봅니다. 아마 이런 요소들이 나를 파악하는 데 큰 도움이 될 것입니다. 연간 꼭 이뤄야 할 목표를 우선순위대로 쓰고, 향후 5년 후, 10년 후에 이루고 싶은 꿈에 대해 써보는 것도 좋겠습니다. 그리고 그 목표를 위해 오늘 하루를 어떻게 살 것인지도 써봅니다. 생각하고 계획하고 행동할 것들의 목록을 꼼꼼히 기록합니다.

제 보통의 하루를 시뮬레이션해 보겠습니다. 현재는 일주일에 반은 제주, 또 반은 서울에 있는 터라 제주와 서울의 일상이 조금 다른 것은 감안해 주세요. 새벽 6시에 눈을 뜨고 이불 밖으로 나옵니다. 뭉그적대기 전에 바로 몸에 신호를 줍니다. '하나 둘 셋 레츠 고!' 벌떡 일어나 물 한 컵 마시고 바로 운동을 시작합니다. 무언가 바로 하는 것이 어렵다면 이 주문을 외워보세요. 효과가 좋습니다. 오늘 운동해야 할 이유를 딱히 생각할 필요는 없습니다. 운동의 장점이 많고도 많지만 사실 그냥 하는 거예요. 정말 하기 싫다면 운동하고 나서의 상쾌함을 떠올리는 것도 도움이 됩니다.

운동 후에 찬물 샤워를 하면 도파민이 치솟고 정신이 명료해집니다. 다시 침실로 돌아가 아까 박차고 나왔던 이불을 정리하고, 오늘 해야 할 것들을 TPA 노트에 쓰고, 경제 뉴스 등을 챙겨 봅니다. 저는 매일 주식을 사는 습관이 있습니다. 하루도 빼놓지 않고 매일 사야 하니까 어쩔 수 없이 계속 공부해야 해요. 경제 공부에 이만한 방법이 없습니다. 이미 사버린 주식, 내일 사야 할 주식 때문에 저절로 공부하게 됩니다. 특히 관심 있는 산업군은 신문이나 책 등을 통해 깊이 공부합니다. 공부 안 하면 투자가 아니라 투기가 되니까요.

특히 금융 투자는 장기적인 관점에서 흐름을 봐야 합니다. 예를 들면 금리가 내려가면 채권이 올라가고, 달러가 올라가면 금이 내려가고, 현금의 유동성이 풍부해지는 경우엔 그림 경매나 부동산 등이 호황입니다. 주식 시장에선 미래 가치를 전망하며, 그 기대치가 반영되어 주가가 오릅니다. 하지만 이는 예외가 있을 수 있고, 그 어떤 것도 예측 불가능하기에 그저 안전한 범위 안에서 장기적인 분산 투자, 적립식 투자를 하는 편입니다.

5~6년 전쯤에 회사 직원들과 워크숍을 하다가 AI, 전기차에 관한 이야기를 나눴습니다. 저는 "엔비디아, 테슬라 그리고 양자컴퓨터 관련 주식 등을 매일 10만 원어치씩 사고 있다"고 말했습니다. 이때 직원의 반응이 두 가지로 갈렸어요. 어떤 직원은 "대표님은 돈이 많아서 그렇죠" 하고 말하고 그냥 넘겼고, 어떤 직원은 담배, 술, 커피값을 아껴서 매일 2만 원씩 주식을 사기 시작했습니다. 이들의 미래는 어떻게 달라질까요?

사실 저는 얼마를 투자해서 얼마가 이익이 났다는 결과보다 투자의 중간 과정에서 스스로 어떻게 발전했는지에 더 집중하는 편입니다. 이것이 미래에 더 큰 가치를 가져다 줄 테니까요.

아침 루틴을 끝내면 치열하게 업무를 보고 나서 저녁을 맞이합니다. 오늘 계획한 업무가 잘 실행되었는지 다시 노트를 펼치며 복기하는 시간을 가집니다. TPA 노트를 쓰다 보니 생긴 요령이 있는데요. 해야 할 것을 촘촘히 적는 것도 물론 필요하지만, 하지 말아야 할 것을 적어두는 게 참 좋더라고요. 예를 들면 '9시 이후에 핸드폰을 만지지 않겠다'는 약속을 적는 겁니다. 'Do'보다 'Don't'를 늘려가며 삶의 습관을 단단하고 예리하게 다듬어가는 것도 괜찮은 방법입니다.

계속 쓰고 읽고 복기하고 공부하고 배우다 보면 어느덧 균형 잡힌 삶으로 나아가게 됩니다. 나를 기록한 흔적 속에서 부족한 것은 메우고, 해야 할 것을 찾아내고, 하지 말아야 할 것은 지양하니 자연스럽게 균형이 잡히는 거죠. 사업도 종합 예술입니다. 뭐 하나만 잘한다고 되는 게 아닙니다. 이런 사소한 루틴이 당신을 균형 잡힌 사람으로 만들어줄 것이라 확신합니다.

체력 # 눈떴으면
일단 뛰어라

일과 중 반드시 지키는 습관이 바로 운동인데요. 아주 간단한 운동 루틴 성공법이 있습니다. 눈뜨면 이불 밖으로 바로 뛰어나와서 운동복을 입고 운동화를 신는 겁니다. 그럼 오늘의 운동 루틴도 성공할 확률이 높습니다. 컨디션이 좋지 않아도, 할 일이 쌓여 있어도, 고민할 게 많아도, 무엇보다 너무너무 하기 싫어도, 옷 입고 신발 신으면 사실 다 된 거나 다름없습니다. 핑계 대지 말고 피하지 말고 딱 이것까지만 해보세요. 나머지는 이미 복장을 갖춰버린 몸이 알아서 해줍니다.

저는 제 의지를 믿지 않아요. 할 수밖에 없는, 안 할 수가 없는, 그런 환경을 만들 뿐입니다. 항상 손에 집히는 곳에 운동복을 두고, 운동화도 현관 앞에 항시 대기 중입니다. 그래서 착착 두 번이면 바로 나갈 수 있게 준비가 돼 있어요. 이것 역시 실행 자동화 시스템 중 하나입니다.

운동을 시작하기 전에 제 외모는 살집이 좀 있고 후덕한 편이었어요. 20대 초반에 다이어트할 목적으로 운동을 본격적으로 시작했어요. 학창 시절부터 약한 몸 때문에 괴롭힘도 많이 당했는데, 그런 콤플렉스를 극복하기 위한 나름의 노력이었던 것 같아요. 그런데 매일 루틴을 쌓아가다 보니까 장점이 셀 수 없이 많은 겁니다. 정말 안 하면 안 되겠더라고요.

특히나 창업 이후 격한 운동을 시작한 것은 일에 대한 끈기와 효율, 창의력과 판단력 때문입니다. 어떻게 이 네 가지가 운동과 연관이 있을까 싶죠? 운동해서 체력을 키운 사람은 지치지 않고 끈기 있게 일에 매달립니

다. 체력이 약한 경쟁자가 지쳐 떨어져 나갈 때, 포기하지 않고 끈질기게 견뎌냅니다. 체력이 되니까요. 효율이 좋다는 것도 제가 여러 차례 경험한 바 있는데요. 간혹 남 탓하는 사람이 왜 그런가 봤더니 체력이 떨어져서 그런 거더라고요. 어떤 일이 잘못되었을 때 내가 처리할 기운은 없고, 일은 잘못되어 있고, 그러니까 남 탓으로 돌려버립니다. 하지만 그런다고 일이 해결되나요? 체력 좋은 사람은 남 탓할 시간에 내가 그냥 다시 하면 되니까 빠르게 재수정해서 효율을 높입니다.

근데 또 놀라운 게 그렇게 하다 보면 생각의 힘이 커

집니다. 사실 크리에이티브가 엄청난 아이디어 하나를 짠 하고 내놓는 게 아닙니다. 수백 가지 아이디어를 내놓고 실행하고 수정하고 또 시도하고 다시 해보면서 변화를 이끌어내는 것입니다. 그래서 체력 좋은 사람이 창의력도 좋습니다. 더불어 운동을 지속하면 판단력도 좋아집니다. 비즈니스에서 시간과 돈이 지출되는 모든 과정은 선택인데, 멘털이 약해질 때면 도돌이표처럼 후회를 반복하게 됩니다. 내가 왜 그랬을까? 왜 그렇게 판단했지? 하고요. 하지만 운동을 지속하면 체력이 멘털을 챙겨주기 때문에 최악의 판단을 방지하는 기능을 해줍니다. 더 '나은 판단'을 위해서는 최소한 '나쁜 판단'은 없어야 합니다. 체력으로 다진 단단한 멘털은 나쁜 판단의 하한선을 높여줍니다.

운동 중에도 가장 좋아하고 자주 하는 것이 달리기인데요. 처음 달리기를 결심했을 때 5km 대회에 나가는 것이 목표였어요. 매일 아침 대회를 위해서 5km씩 뛰었습니다. 마침내 5km 대회에 나갔을 때 몸에 밴 습관 덕분인지 그쯤은 거뜬하더라고요. 다시 10km 대회로 목표를 상향 조정했습니다. 5km 코스와는 다르게, 매번 기록이 객관적인 수치로 남으니까 기록 단축을 위해 더 노력하게 되었습니다.

첫 10km 대회의 기록은 1시간 10분 정도였습니다. 주변의 기록을 살펴보니 30분 초반이 최상위권이었고, 40분 초반까지도 상위권에 속했습니다. 50~60분 정도가 가장 많이 포진해 있었어요. '이왕이면 30분대로 들어오자' 다짐하고는 그냥 매일 뛰었습니다. 그렇게 10년 정도 뛰면서 수십 개의 대회에 참가했습니다. 기록이 차츰 줄어서 목표에 가까워지긴 했지만, 아직 30분대에 들어오진 못했습니다. 저의 10km 대회의 공식 기록은 42분 30초입니다. 그래서 계속 더 뛸 겁니다. 뛰다 보니 하프 마라톤에도 나가고, 풀코스도 완주하게 되었습니다. 차츰 역치를 높여가며 달리기를 더욱 즐기게 되었고, 계속 도전하고 있습니다.

연습할 때는 실내 피트니스센터에서 러닝 머신을 이용할 때도 있지만, 제주에서는 대체로 야외에 나가 깨끗한 공기를 힘껏 마시며 뜁니다. 실내든 실외든 가능한 상황에서 꾸준히 하는 습관을 무엇보다 중요하게 지키려 합니다. 매일의 루틴을 방해하는 온갖 상념과 갖은 핑계가 머릿속을 장악할 때도 있습니다. 그래서 '운동복 입고 운동화 신자'처럼 아주 작은 목표를 맨 앞에 두는 겁니다. 일단 밖으로 나오기만 하면 생각한 것보다 더 뛰게 됩니다. 달리기도 이렇게 '완벽하게'보다 '꾸준하게'를 목표로 지속하고 있습니다.

"그 힘든 걸 왜 해?"라고 주변에서 묻기도 하는데요. 사실 "그냥"이라는 말밖에 딱히 더 설명할 길이 없습니다. 더 자고 싶고, 더 쉬고 싶을 때도 있죠. 일이 바빠서 건너뛰고 싶을 때도 물론 있습니다. 하지 말아야 할 이유야 만들면 수없이 튀어나옵니다. 힘들고 번거롭고 다리가 뻐근한 것도 같고 일할 시간도 부족하고 등…. 하지만 해야 할 이유가 단 하나만 있어도 하는 겁니다.

달리기의 이점이 많고도 많지만, 그중 제가 얻는 가장 큰 이득은 평정심입니다. 사업이 힘들 때나 잘될 때나 늘 고민은 있는데요. 달리면서 생각하고, 달리면서 결정할 때가 많습니다. 들숨 날숨이 고조되고 가쁜 숨이 절정에 달할 때 머리가 맑아지면서 몰입의 세계로 진입합니다. 어쩌면 그 순간 저는 원초적으로 '살고 싶다'는 생각을 하는 것 같아요. 이러한 몰입의 상태에서 소위 '머리가 깨어 있을 때' 결정한 사안은 후회를 덜 하게 되는 것 같습니다.

대회에 나갔을 때의 이점은 함께 달리는 사람들에게서 에너지를 듬뿍 받는다는 겁니다. 신기한 게 혼자 뛰면 10km를 40분에 절대 못 뜁니다. 대회에 나가면 혼자 연습할 때보다 더 빠르게, 더 오래 달립니다. 결승선이 저 멀리 보이면 젖 먹던 힘까지 쥐어짜 어떻게든 완주하게 됩니다. 어떤 코스를 선택했든 결승선을 통과할 때의 짜릿한 쾌감은 현실로 돌아와서도 성취감, 자신감으로 이어집니다. 내 삶의 작은 성공이자 내가 만든 성과이니까요. 이런 귀한 이유가 오늘도 저를 뛰게 합니다.

　멘털은 독서로, 체력은 달리기로 다져야 한다고 줄곧 강조해 왔는데요. 그럼 둘 중에 뭐가 더 중요한지 '밸런스 게임'으로 질문하시는 분이 간혹 계십니다. 둘 중 하나만 고르기 어려울 만큼 둘 다 너무 중요하다는 것은 모두가 아실 겁니다.

　그래도 굳이 고르자면 저는 체력이 멘털을 다스린다고 믿는 쪽입니다. 체력이 돼야 책도 눈에 들어오니까요. 만약 무언가 잘 풀리지 않고 책에서 답을 찾으려 해도 도통 눈에 들어오지 않는다면, 일단 책을 덮고 달려보길 권합니다. 달릴수록 정신이 명료해지고, 달리고 나면 몸이 피로한 게 아니라 오히려 회복되는 것을 느낄 수 있을 겁니다.

　이제 저는 달리는 사람을 신뢰합니다. 뛸 수 있는 체력이 절대로 하루아침에 완성되는 게 아니거든요. 무엇이든 할 수 있는 자신감과 반복을 거듭하는 꾸준함, 다시 일어설 수 있는 회복 탄력성을 가진 사람입니다. 이제 눈떴으면 달려보세요. 체력과 멘털, 그 모두가 놀랄 만큼 달라질 겁니다.

관계 　　　끊어낼 줄 아는 것도
　　　　　　존중이다

　우리는 무수히 많은 관계 속에서 살아갑니다. 일하면
서 알게 된 인연도 있고, 이미 알던 인연과 일하게 되기
도 합니다. 관계 덕분에 큰 도움을 받기도 하고, 관계 때
문에 버거울 때도 있죠. 하루에도 몇 회씩 업무 미팅을
하면서 새로운 관계가 생기기도 하고, 자주 만나던 인연
과 자연스럽게 멀어지기도 합니다. 긍정적 관계는 서로
에게 시너지 효과를 일으켜 에너지를 더 충만하게 만듭
니다. 부정적 관계는 양쪽의 에너지를 분산시켜 서로를
갉아먹습니다. 이런 다양한 관계 속에서 혼란이 오기도
합니다.

저 역시 그랬습니다. 28살에 창업해 마흔이 된 지금까지 너무 많은 관계의 소용돌이 속에서 중심을 못 잡고 휘청일 때가 많았습니다. 특히나 '시절인연時節因緣'이라는 말을 깊이 이해하기 전까지는요. 시절인연은 '모든 연에는 오고 가는 때가 있다'는 뜻의 불교 용어입니다. 저는 기본적으로 사람에 대한 호기심이 많고, 사람의 장점을 먼저 보는 편이라 관계의 끈을 놓지 못할 때가 많았습니다. 사적으로 먼저 친해지면 업무도 더 잘할 수 있지 않을까? 하는 기대를 가지던 때도 있었습니다.

최근에 10년 넘게 함께 일한 파트너와 관계를 마무리 지었습니다. 계약 기간이 만료되기 6개월 전에 계약을 연장하지 않겠다고 통보받았고, 1년간 연락을 시도했지만 더는 연결되지 않았어요. 마무리가 중요하다고 생각했기에 그 어느 때보다 더 노력했고, 원하는 요구 조건을 들어주려고 최대한 양보하는 쪽을 택했습니다. 하지만 아마도 각자의 입장이 달랐겠죠. 결국 법적 공방으로 번지고 말았습니다.

10년 전의 우리는 누구보다 좋은 파트너이자 주변의 부러움을 살 만큼 절친하고 끈끈한 관계였습니다. 사업이 커지는 데 결정적 역할을 해주었고, 함께 이룬 실적이 놀라웠기에 그 어떤 파트너보다 추억이 많습니다. 그 추억을 과거로 남겨두고 돌아서야 하는 게 여전히 아쉬운 마음입니다. 하지만 언젠가 만난다면 정말 고맙다는 말은 꼭 전하고 싶습니다.

그 시절 만난 사람들이 곧 내가 어떤 사람이었는지를 보여줍니다. 근묵자흑近墨者黑이라는 말은 검은 곳에 가면 결국 검어진다는 뜻인데, 그만큼 주변 사람의 영향을 많이 받게 된다는 말이죠. 이제는 같이 한솥밥 먹고 일하며 성과를 냈던 동료들도, 서로에게 기회가 되었던 귀중한 사업 파트너도, 한 시절의 모든 순간을 함께했던 절친도 자주 보지는 못합니다. 그때만큼은 진심을 다했기에 후회는 없습니다. 만약 다시 그들을 만나게 된다면,

그 시절을 버틸 수 있는 추억을 만들어줘서 고맙다는 인사를 꼭 하고 싶습니다.

한 시절을 저와 함께해줬던 이들을 이제는 시절인연이라 생각합니다. 모든 연에는 오고 가는 때가 있을 뿐, 그 시절 함께 나누었던 감정과 서로에게 영향을 주며 배워나갔던 농밀한 시간이 모두 날아간 것은 아닙니다.

이제는 새로운 인연을 되도록 보수적으로 맺으려 합니다. 전과 크게 달라진 것은 새로 알게 되었건 알고 지내던 사이건 관계를 끊어낼 줄도 알게 되었다는 겁니다. 상대가 관계의 적정 거리를 아무렇지 않게 허물어버릴 때, 서로의 간극이 너무 커 노력할 수 있는 범위를 넘어설 때, 관계를 돈으로만 보고 다가올 때 과감하게 관계를 끊어내는 것도 용기입니다. 유지될 수 없는 관계를 서로에게 상처가 되지 않게 마무리하거나 더 이상 진전되지 않도록 애쓰는 것 또한 상대에 대한 깊은 존중이라는 것을 깨닫게 되었습니다.

더불어 일하는 관계에서 지켜야 할 몇 가지 원칙을 두

고 있습니다. 첫째, 최대한 빨리 회신하고 명확하게 말한다. 둘째, 일하다 보면 생길 수 있는 작은 오해를 신경 쓰지 않는다. 누구나 각자의 사정이 있다. 셋째, 상대가 크게 오해하거나 어떤 사안을 왜곡하고 있다면 굳이 길게 해명하지 않고 그냥 오해로 남겨둔다. 그게 더 나을 때도 많다. 넷째, 없는 사람 이야기는 절대 하지 않고, 할 말은 무조건 당사자 앞에서 한다. 다섯째, 작은 거래에도 감사하며 파트너를 존중한다. 여섯째, 헤어짐을 아쉬워하지 않는다. 돌고 돌아 또 만난다. 혹여 일하면서 풀리지 않는 관계가 있다면, 이 여섯 가지 원칙을 적용해보면 도움이 될 수 있습니다.

리더로서 조직 내 관계를 어떻게 꾸려나갈 건지도 여전히 고민스러운데요. 예전에 올리브영 허민호 대표님(현 코스맥스비티아이 대표이사·부회장)께서 저에게 이런 조언을 해주신 적이 있습니다.

"진짜 인재를 찾으려면 일단 그에게 믿고 맡겨보세요.

위임의 기술을 잘 단련하는 것도 리더의 역할이자 덕목입니다. 그리고 마음을 주기 전에 업무 신뢰도를 쌓는 게 먼저입니다. 서로의 신뢰가 돈독해진 후에 자연스럽게 가까워지면, 그들의 가족까지 챙길 정도로 깊은 관계를 이어나가도 좋고요."

예전에는 제가 모든 일을 다 해야 한다고 생각했습니다. 할 수 있는 상황만 된다면 죄다 끌어와 다 해치워 버렸습니다. 하지만 어느 순간 깨달았죠. 이제는 제가 조금씩 뒤로 물러서야 한다는 것을요. 조직이 커지고 구성원이 늘면서 리더가 꼭 해야 할 일을 제외하고, 구성원에게 적절한 업무를 배당해 맡겼습니다. 소위 판을 깔아주었을 때 책임감을 갖고 해내는 인재들이 나타납니다. 조직 내에서의 관계는 여전히 어렵고 창업자의 역할에 대한 고민도 많지만, 이런 방향으로 차츰 관계를 재설정해 나가고 있습니다.

도전   # 다시 도전하고 싶은
         꿈에 관하여

저에게는 실현하고 싶은 또 다른 꿈이 있습니다. 바로 배우라는 직업입니다. 이 얘기를 꺼내면 백이면 백 '사업가가 웬 배우?'라는 반응입니다. 의아함은 보통 추측으로 이어집니다. '이제 돈 벌었으니 다른 게 하고 싶은 건가?' 하고요. 그간 기업인으로 살았다는 이유만으로 꿈에 대한 진정성을 의심받으니 사실 좀 억울할 때도 있습니다. 하지만 다른 사람의 반응이야 어떻든 저는 그 꿈에 절실하게 임하고 있습니다.

힘들게 일해서 등록금을 충당했던 20대부터 제 유일한 낙은 공연과 뮤지컬, 영화였습니다. 혼자 공연장이나 극장에 가서 때로는 눈물 흘리고 때론 소리 내어 웃으며 현실의 시름을 잊곤 했습니다. 지금도 개봉하는 영화가 있으면 극장에 달려가고, 흥미로운 공연 날짜를 오매불망 기다리는 맛으로 삽니다. 그리고 작품을 깊이 감상하며 조용히 꿈을 꿉니다. 저 속에서 어떤 작은 역할이든 내게 주어진다면 너무 행복하겠다고요.

저는 꾸준히 오래 하는 것만큼 큰 힘을 가지는 것은 없다고 생각합니다. 수시로 배우 오디션 정보를 얻는 인터넷 카페에 가고, 제주에서 서울까지 오디션을 보러 가기도 합니다. 틈틈이 연기 수업을 듣고 공부하면서 기회를 노리고 있습니다. 그러다 벌써 세 번째 출연을 했는데요. 물론 시작은 미약하지만, 얼마나 재밌는지 모릅니다. 즐겁게 할 수 있는 일에 도전한다는 것 자체로 그 의미와 가치는 충분하다고 느낍니다.

첫 번째는 「소녀접근금지」라는 웹드라마에서 화장품 매장의 점장 역할을 맡았습니다. 제가 투자해서 만든 드라마였고, 덕분에 제가 등장하는 신을 넣을 수 있었어요. 두 번째는 단편 영화 「생명의 은인」에서 주연에게 돈 빌려준 역할이었습니다. 영하의 날씨에 12시간 이상 대기했는데 딱 10분 촬영했어요. 하지만 그런 상황에 불평불만이 생기는 게 아니라 너무 즐거운 겁니다. 촬영장의 일원으로 참여할 수 있다는 것 자체로 영광이었습니다. 세 번째는 웹드라마 「야자캠프」에서 싱글 대디 역할이었어요. 실제로 네 아이의 아빠로 살다 보니 몰입이 잘 되는 장점이 있었어요.

첫 번째 작품의 출연료는 0원, 제가 투자했으니 출연료를 따로 받을 수 없었습니다. 두 번째는 10만 원, 세 번째는 15만 원의 출연료가 책정되었습니다. 돈을 신경 쓰고 한 것은 전혀 아니지만 0원에서 15만 원으로 아주 조금씩 앞으로 나아간다고 스스로 뿌듯했습니다. 이렇게 번 돈은 그 어떤 돈과도 비교 불가한 남다른 가치가 있습니다.

물론 수많은 오디션에서 탈락했고, 출연 이후에 악플이 달리기도 했습니다. 촬영장에선 긴장해서 대사를 까먹기도 했어요. 하지만 지금 부족하다고 해서 포기할 생각은 없습니다. 저는 기회만 주어진다면 다 할 겁니다. '연기 진짜 못하네' '먹고살 만하니까 이것저것 다 해보나 보지' '뭐 좀 하다 말지 않을까?' 하는 타인의 조롱과 비아냥거림이 제 꿈을 방해할 하등의 권리는 없죠. 하고 싶은 게 있다면 밑바닥부터 차근차근 내가 할 수 있는 범위에서 그냥 해보는 겁니다.

타인과 의견이 다르다고 해서 그 도전을 접어야 한다면, 세상 그 어떤 것도 시도할 수 없습니다. 세상 사람들은 각자 다르고, 너무 많은 다양성이 존재합니다. 절대로 모두에게 인정받을 순 없습니다. 모두가 내 편이길 바라는 건 큰 욕심이고, 큰 착각입니다.

그런데도 제 꿈에 대해 주변에 되도록 많이 알리려고 하는 이유는 혼자 이룰 수 있는 꿈은 없기 때문입니다. 어떤 책에서는 가능한 한 조용히 꿈꾸면서 내면을 다지고 능력을 키우라고 조언합니다. 하지만 저는 이른바 '꿈의 선언'이 중요한 과정이라고 생각합니다. 지금으로 선 닿기 어려운 꿈에 대해 주변 사람에게 말한다면, 아마도 80%는 관심조차 없을 겁니다. 15%는 속으로 '그게 될까?' 의구심을 가지고 부정적으로 생각할지 모릅니다. 하지만 나를 진심으로 응원하고 도와줄 5%가 있을 수 있습니다. 이 5%가 나머지 95%보다 훨씬 더 중요하기에 알려야 한다는 겁니다. 내 꿈을 기꺼이 응원하는 누군가와의 인연이 어떤 계기를 만들어줄 수도 있고, 용기를 북돋울 수도 있습니다.

만약 온전히 내 편에 서서 응원해 주는 사람이 있다면, 더없이 고마운 일이지요. 그렇다고 해서 이 도전이 전적으로 그의 응원 덕분이라고 생각할 필요까지는 없습니다. 그럼에도 응원해 준 사람에게 공을 돌릴 줄 아는 아량을 가져야 합니다. 반면, 모든 상황이 안 좋게 흘러가더라도 전적으로 책임은 내가 져야 합니다. 이 도전에 대해 책임져 줄 그 어떤 타인도 없습니다. 그러니까 남의 말에 지나치게 끌려다닐 필요도 없습니다.

"내 삶을 바꾸는 것은 나여야 한다."

스스로 무엇을 원하고, 어떤 일을 하고 싶은지, 무얼 이루고 싶은지 다시 한번 들여다보세요. 내 삶을 바꾸는 건, 꿈을 꾸고 이루는 건, 그 누구도 아닌 바로 나여야 합니다.

진짜 부자와
인생 자본론

회사 매출이 최고조일 때 코스토리 기업 가치가 2조 원이라는 기사가 여러 매체에 났습니다. 아직까지 '2조 부자설'로 오해받는 이유인데요. 사실 회사도, 저도 2조 원이라는 큰돈은 없습니다. 부풀려진 소문이고, 현실과의 괴리가 큽니다. 그런데 이토록 큰 숫자로 매겨진 돈이 자주 언급되자 이런 의문이 들긴 했습니다.

"돈이 많다고 꼭 행복할까?"

어려서부터 제 소원 중 하나는 '돈 걱정 없이 배우는

것에만 집중하고 싶다'였어요. 뭘 배우면서도 계속 돈 걱정해야 했고, 돈 없는 설움을 어릴 때부터 너무 잘 알아서입니다. 중학교 때 친구와 싸운 적이 있는데, 상대가 무섭다기보다 '때리면 우리 엄마 아빠가 병원비를 물어야 하잖아?' 하는 생각에 주먹이 멈춰지더라고요. 그때의 꼭 쥔 주먹이, 서럽게 울던 강렬한 기억이 가슴에 남아 있습니다. 돈 때문에 서러웠고 아주 불행한 적도 많았습니다.

돈을 벌고 싶은 이유 중 하나가 돈의 기능 때문일 겁니다. 막연하게 생각했습니다. 돈으로 어떤 관계든 다만들 수 있겠지. 가난해서 싸울 일도 없고, 어떤 일을 하든 더 빨리, 더 많이 할 수 있겠지. 실제로 돈을 벌고 나서 돈이 가지고 싶은 것을 살 수 있게 해주고, 관계도 이어주고, 어떤 일을 하고자 해도 더 빨리, 더 많이 할 수 있게 된다는 것을 확인하기도 했습니다.

하지만 한편으로는 준비되지 않은 상태에서 생긴 돈때문에 망가진 인생을 너무 많이 보았습니다. 뉴스를 통해 듣는 이야기보다 실제로 주변에서 더 많이 접했어요. 심지어 저도 그랬습니다. 땀 흘려 번 돈은 불안하지 않았어요. 부적절한 방법은 아니었지만 쉽게 번 돈은 늘 불안했어요. 왜 돈이 없어도 불안, 돈이 많아도 불안할까요? 돈이 없다는 것과 많다는 것의 기준이 뭘까요? 어느 정도 없으면 없는 걸까요? 어느 정도 많아야 많은 걸까요?

차츰 저는 돈의 기능보다 돈의 자격에 관심을 갖게 되었습니다. 돈은 자격 있는 사람에게 흘러들어 옵니다. 돈을 벌 기회는 자신이 처한 환경에 관계없이 불현듯 찾아오는 것 같아요. 문제는 그 기회가 왔을 때 제가 자격을 갖추고 있느냐입니다. 자신의 강점에 집중하여 전문성을 개발하고, 돈이 흘러들어 오는 구조를 이해하며, 넓게는 글로벌 국제 정세에 관심을 갖는 것. 이것 외에도 계속해서 돈을 대하는 자신의 태도를 다듬어가야 합니다. 그게 돈을 벌 자격을 갖추는 것입니다.

좀 황당할 수도 있는 에피소드 하나 들려드릴게요. 처음 돈을 벌어들이기 시작할 때 내가 번 돈, 통장에 찍힌 숫자를 보면서 너무 신기한 겁니다. '대체 이 돈이 어디서 흘러들어 왔을까' '내가 갖기 바로 전에 이 돈을 갖고 있던 이는 누구지?' 이런 궁금증에 은행에 찾아가서 은행원에게 진짜로 물었습니다. "이 돈이 은행에서 나와서 누구에게 처음 갔다가 나에게 어떻게 왔는지 추적하고 싶다"고요. 물론 알 수 없었습니다. 저를 미친 사람처럼 쳐다보던 은행원의 눈빛이 기억나네요. 하지만 정말 궁금했어요. 돈을 벌 자격을 깊이 생각하자 이 돈이 어떻게 저에게 왔는지 그 히스토리를 알고 싶어지는 겁니다.

돈의 전 주인이 중요하다는 생각에 이르자 의미가 큰 돈에 대해서는 출처를 적어두기 시작했습니다. 돈에도 성격이 있고 자아가 있고 의지가 있다고 생각하니 찝찝하거나 온당치 않은 방법으로 흘러들어 온 돈은 나에게 이로울 리 없습니다. 돈이 주인을 알아본다고 하잖아요. 어떤 돈이 나에게 왔는지, 이 돈이 나에게 올 때인지, 이 돈을 가질 자격이 있는지 스스로 검증하고 따져보려고 합니다. 돈에 대한 신중한 태도는 너무 중요하고, 앞으로도 계속 이런 태도를 더 예리하게 다듬어 나갈 겁니다.

'주어진 환경 안에서 행복하지 못하면, 더 좋은 환경에서도 행복하지 않을 겁니다.'

돌아보니 제 사업 과정은 시작부터 행복했습니다. 달랑 200만 원 들고 원주의 작은 사무실에서 빚 안 지고 차근차근 소소한 행복을 매일같이 느꼈습니다. 하루에 한두 개씩 늘어나는 택배, 아이 아토피가 호전되었다는 고객의 피드백, 휴게소 호두과자로 하루 끼니를 때우면서 부지런히 서울과 원주를 오가던 날들, 기름값 걱정하다가도 기름값보다 이익이 클 때의 안도, 직원들의 보너스를 주려고 현금을 찾아와 한 장씩 지폐를 셀 때 손끝에 감기는 돈의 감촉…. 누구는 젊을 때부터 창업해서 미친 듯이 일하는 나를 보고 왜 그렇게 매순간 힘들게 사냐고

하지만, 사실 이토록 행복한 기억이 얼마나 많았는지 모릅니다. 또 다른 이는 묻습니다. 회사를 키우고 나서 수천억 원, 수조 원이라는 큰 돈을 투자받을 수 있는 기회를 왜 버렸냐고요. 함께 이뤄온 회사에서 혼자 잘될 수 없다는 이유도 있었지만, 가장 큰 이유는 그런 큰돈이 무서웠습니다. 돈의 양면성이 두려웠고, 그런 엄청난 돈을 가질 자격에 대해 깊이 고민했던 탓입니다.

"행복을 찾는다고 하지만, 행운을 찾고 있지는 않나요?"

다양한 방법으로 돈을 벌려고 하는 사람에게 이렇게 묻고 싶습니다. 단순히 돈이 많은 것을 부자라고 할 수 있냐고요. 그러니까 어떤 사람이 '진짜 부자'일까요?

여러 해 동안 나름대로 정의해 본 진짜 부자는 다양한 자본을 얻으며 인생을 살아가는 사람입니다. 자본에도 질이 있기 때문에 자본 축적의 과정이 그 무엇보다 중요하다고 생각합니다. 자본을 얻는 과정이 온당하고 즐겁다면, 상당 부분 인정할 만한 부자라고 생각합니다. 하지만 그 자본 자체의 성격을 규명해 보면 좋을 것 같습니다.

제가 중요하게 생각하는 자본은 일곱 가지입니다. 인적 자본, 언어 자본, 경험 자본, 교양 자본, 지식 자본, 건강 자본, 예술 자본입니다. 좋은 사람들과 함께 일할 수 있는 계기를 만들고, 국경을 넘어 다양한 문화와 시장을 접하고 교류하기 위해 언어를 익히며, 해야 할 경험과 하지 말아야 할 경험을 철저히 나눌 줄 알아야 합니다. 밥상머리 예절 교육을 비롯해 여러 문화에 대한 폭넓은 교양을 쌓고, 설사 얕을지언정 누구와도 대화할 수 있는 지식을 고루 갖추며, 이 모든 것들을 성실하게 수행할 수 건강한 신체를 유지하는 일이지요. 또 예술 작품을 자주 향유하고 해석하는 안목을 갖추는 것도 필요합니다.

이러한 자본을 얻어가는 과정을 온전히 즐길 수 있다면, 인생이 훨씬 풍요로워질 것입니다. 그래서 저는 이 일곱 가지 자본을 '인생 자본'이라 부릅니다. 진짜 부자는 이 인생 자본을 삶의 과정에서 풍성하게 축적해 나가는 사람입니다. 행운이 아닌 행복을 따라가고, 돈 이상의 진정한 가치를 추구하는 사람입니다. 만약 100억이 있어도, 1,000억이 있어도, 1조가 있어도 인생 자본이 하나도 없다면 그는 분명 외로운 사람일 것입니다. 재산이 얼마가 있느냐가 아니라 사회 구성원으로서 필요한 역할을 하는 사람이 되기 위해, 저는 오늘도 인생 자본을 부지런히 축적해 나가고 있습니다.

집요하고 꾸준하게 계속한다

책을 마무리하는 게 도무지 쉽지 않았습니다. 제주 가는 비행기 안에서 다시 교정지를 살펴보며, 어떤 말로 맺어야 할지 고민하면서 글을 씁니다. 여기서 제 이야기는 줄이지만, 나의 실행은 여전히 진행형입니다. 지금보다 더 나은 내가 되기 위해 계속 배우고 익히며 밀도 높은 삶을 살 것입니다. 5장에서 끝내는 게 아니라 6장, 7장도 써 내려갈 수 있게, 심지어 『그냥 하는 사람』 2편이 나올 때까지 집요하고 꾸준하게 계속 제 길을 갈 것입니다.

이 책을 처음 쓸 때부터 한 사업가의 성공담에 지나지 않을까 하는 우려가 있었습니다. 그럼에도 용기를 낼 수 있었던 것은 내가 먼저 가본 길을 이야기해 주는 것만으로 누군가에게 용기가 되고, 동기 부여가 될 것이라고 생각했기 때문입니다. 사업을 시작하거나 사회에 처음 발을 내딛거나 혹은 어떤 일에 처음 도전하는 초심자를 독자로 상상하며 제 이야기를 써 내려갔습니다. 하나하나 머릿속에서 영사기를 돌려가며 과거의 시도가 어떤 의미였고, 어떤 가치를 부여할 수 있는지 스스로도 정리하는 시간이 되었습니다.

사실 우리는 태어날 때부터 '그냥 하는 사람'이 아닌가 하는 생각을 했습니다. 태어나자마자 말하고 싶은 게 있어서 그렇게 울고, 기어다니고 싶어서 그렇게 힘을 쓰고, 움직이고 싶어서 그렇게 뒤집고, 걸으려고 애쓰다 수십 번 넘어지고 걷기를 반복하고는 마침내 뛰게 됩니다. 살면서 겪는 수많은 일들 덕에 어른이 된 듯하지만,

어쩌면 동심을 잃어서 그냥 하기 어려워진 일도 많습니다. 하지만 무언가 간절히 원하는 바가 있다면, 순수하게 그것을 하고 싶은 마음 하나만으로 두려움 없이 그냥 해봤으면 합니다. 이런저런 여건 때문에 해보고 싶은 일을 포기하거나 미루지 않았으면 좋겠습니다.

창업과 도전의 과정을 복기하면서 저보다 더 고생한 가족이 떠올랐습니다. 창업 초창기부터 지금까지 쉽지 않은 일들의 연속이었습니다. 사업 때문에 이사도 많이 했고 출장도 잦았는데 심지어 중국으로 이주했다가 코로나 시국을 맞는 등 정말 고생 많이 했어요. 늘 곁에서 함께해주는 아내와 한별, 은별, 샛별, 우주에게 진심으로 고맙다고 말하고 싶습니다. 아마 가족이 없었다면 지금의 나는 존재할 수 없을 겁니다.

그동안 다양한 출판사에서 책을 쓰자는 제안이 있었지만, 아직 제 이야기를 할 때는 아니라고 생각했습니다. 비로소 마흔이 넘어 만난 온포인트 최혜진 대표님은 눈에 보이는 제 성과보다 그간의 제 여정에 관심을 가져 주셨고, 그렇게 함께 의견을 나누고 글감을 고르고 써 내려가며 이렇게 책이 완성되었습니다. 깊은 감사를 전합니다.

더불어 멀리서 지켜봐 주시고 늘 응원해 주시는 많은 분들에게 이 자리를 빌려 감사하다고 말하고 싶습니다. 도움 주신 분들이 없었다면 저 혼자는 아무것도 이룰 수 없었을 겁니다. SNS 팔로워분들께도 일일이 찾아뵙고 인사 전하고 싶지만, 책으로나마 소통할 수 있는 계기가 되기를 진심으로 바랍니다.

김한균의 브랜드 인사이트

$$\boxed{\text{파파레서피}}$$

봄비 꿀단지 마스크팩은 누적 22억 장이 판매되었다. 중국인에게 반가운 '봄비(春雨)'라는 이름, 보습력이 훌륭한 벌꿀 에센스, 밀착력이 좋은 얇은 시트, 노란색의 친근한 패키지 디자인까지 섬세한 제품 개발이 주효했다.

올리브영 클렌저 카테고리 판매 1위의 블레미쉬 효소 파우더 클렌저를
비롯해 가지, 티트리가 함유된 파우더 클렌저 라인. 파파레서피는 건강한
원재료를 함유한 제품에 주력한다.

'파파레서피'라는 이름을 처음 알리기 시작한 유기농 호호바 라인. 아토피
가 있는 딸을 위해 아빠가 유기농 재료를 엄선해 만들었다는 진정성 있는
스토리를 담았다.

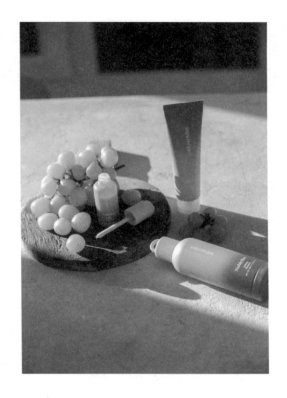

좋은 원재료를 찾아 떠나는 파파레서피의 스토리는 여전히 진행형이다.
한국피부과학연구원과 협업으로 개발한 파파레서피의 특허 원료 '그레이
몰드 포도열매 발효추출물'을 함유한 노블 랏 라인.

에가톳 캐빈

에가톳(Egattoc)이라는 이름은 오두막(Cottage)의 영어 스펠링을 거꾸로 읽은 것이다. 자연스럽고 아늑한 공간에서 잘 쉬고 잘 자고 잘 먹으며 온전한 쉼을 취하고 진정한 웰니스를 경험한다.

제주 한라산 깊은 숲에 안겨 있는 에가톳 캐빈 빌리지.
남해 사우스케이프, 거제 지평집을 설계한 조병수 건축가의 작품이다.

브랜드를 처음 만들 때 가장 본질적인 특징을 담아내려 한다. 에가톳을 짓기 전, 처음 이 숲에 왔을 때 새가 많아서 놀랐다. 에가톳 뷰티는 에가톳 캐빈에서 파생된 퍼스널 케어 브랜드로, 새알에서 영감을 받은 에그 트레이 디퓨저는 광물 규조토에 에센셜 오일을 똑똑 떨어뜨려 사용한다.

비커스랩

내 취향을 먼저 살피고 실행해 보는 것이 브랜드의 첫걸음이다. 마라톤에서 시작해 수영, 사이클이 더해진 철인3종경기에 나갔고, 나뿐만 아니라 대중적 니즈가 있을 것으로 판단했다. 국내 최초의 엔드리스 풀을 갖춘 비커스랩.

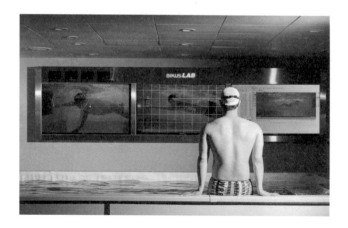

러닝과 사이클 시설을 함께 갖춘 비커스런. 비커스랩과 함께 철인3종경기를 모두 경험하는 국내 최초의 실내 시설이다.

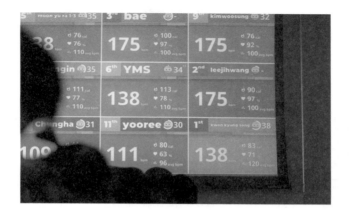

그냥 하는 사람
© 김한균 2025

초판 1쇄 인쇄 2025년 6월 1일
초판 1쇄 발행 2025년 6월 10일

지은이.   김한균
펴낸이.   최혜진

사진.   김한균, 에이비티아시아
표지디자인.   에그플랜트팩토리(가지공장)
본문디자인.   STUDIO 보글
교정도움.   정수완
자료도움.   정강윤

종이.   월드페이퍼
인쇄.   한영문화사
물류.   우진물류

펴낸곳.   온포인트
출판등록.   제2023-000090호
주소.   서울시 금천구 디지털로9길 65 203호
전화.   070-7514-3546
메일.   onpoint-books@naver.com
인스타그램.   @onpoint_books

ISBN   979-11-985162-6-8 (03190)